BETTINA MEISELBACH

ABNEHMEN
mit Konjak

BETTINA MEISELBACH

ABNEHMEN mit Konjak

55 Rezepte mit Konjaknudeln, -reis und -mehl, die satt und schlank machen

riva

Bibliografische Information der Deutschen Nationalbibliothek
Die Deutsche Nationalbibliothek verzeichnet diese Publikation in der Deutschen Nationalbibliografie. Detaillierte bibliografische Daten sind im Internet über http://d-nb.de abrufbar.

Für Fragen und Anregungen
info@rivaverlag.de

Wichtiger Hinweis
Dieses Buch ist für Lernzwecke gedacht. Es stellt keinen Ersatz für eine individuelle medizinische Beratung dar und sollte auch nicht als solcher benutzt werden. Wenn Sie medizinischen Rat einholen wollen, konsultieren Sie bitte einen qualifizierten Arzt. Der Verlag und der Autor haften für keine nachteiligen Auswirkungen, die in einem direkten oder indirekten Zusammenhang mit den Informationen stehen, die in diesem Buch enthalten sind

Originalausgabe
1. Auflage 2019

Nymphenburger Straße 86
D-80636 München
Tel.: 089 651285-0
Fax: 089 652096

Redaktion: Caroline Kazianka
Umschlaggestaltung: Laura Osswald
Umschlagabbildungen, Fotografie: Bettina Meiselbach, Carsten Meiselbach, www.happycarb.de
Abbildungen im Innenteil: S. 9: Foxyliam/Shutterstock.com, Amawasri Pakdara/Shutterstock.com; S. 10: gontabunta/Shutterstock.com; S. 12: SedovaY/Shutterstock.com; S. 16: Rimma Bondarenko/Shutterstock.com; S. 19: marekuliasz/Shutterstock.com; S. 21: one photo/Shutterstock.com; S. 23, 24: kotikoti/Shutterstock.com; S. 25: Amawasri Pakdara/Shutterstock.com; S. 38: norikko/Shutterstock.com; alle anderen Bilder: Bettina Meiselbach, Carsten Meiselbach, www.happycarb.de

Satz: inpunkt[w]o, Haiger (www.inpunktwo.de)
Druck: Florjancic Tisk d.o.o., Slowenien
Printed in the EU

ISBN Print 978-3-7423-0951-8
ISBN E-Book (PDF) 978-3-7453-0580-7
ISBN E-Book (EPUB, Mobi) 978-3-7453-0581-4

Inhalt

Vorwort

Seit ich denken kann, beschäftigt mich das Thema Abnehmen und gesunde Ernährung. Heimlich geträumt habe ich immer von einem Wundermittel, das die Pfunde zum Schmelzen bringt und gleichzeitig erlaubt, lecker und genussvoll zu schlemmen. Zu behaupten, Konjak würde diesen Traum einfach so, ohne weitere Einschränkungen, erfüllen, wäre über das Ziel hinausgeschossen. Nein, die Konjakwurzel vollbringt keine Wunder, ist aber ein pflanzliches Hilfsmittel, das Ihnen helfen kann, Gewicht zu verlieren, ohne zu hungern, und das bei maximalem Genuss.

Und egal, ob Sie nun Gewicht verlieren, Ihr Traumgewicht halten oder sich einfach langfristig gesund ernähren wollen, mit der Konjakknolle haben Sie einen guten Helfer an der Hand, der Sie dabei unterstützen wird, Ihre persönlichen Ziele zu erreichen.

Sollten Sie bereits über Konjak-Erfahrung verfügen und nicht auf den Geschmack gekommen sein, dann lassen Sie sich neu darauf ein und löschen Sie alle Vorbehalte aus Ihrem Kopf. Ich war früher selbst in Sachen Konjak kritisch unterwegs und konnte den »nassen« Konjakprodukten nicht viel abgewinnen.

Trotzdem haben mich die beeindruckenden gesundheitlichen Eigenschaften der Konjakwurzel lange nicht losgelassen. Es musste doch eine Möglichkeit geben, dass auch ich von der tollen Knolle aus Asien profitieren konnte. Den Weg habe ich für mich in der Zwischenzeit gefunden, denn heute bin ich begeistert und binde Konjak auf verschiedene Art und Weise in meine Mahlzeiten ein. Alles eine Frage guter Rezepte und Ideen, und dafür haben Sie ja nun dieses Buch.

Viel Erfolg beim genussvollen Schlankschlemmen mit Konjak.

Ihre Bettina Meiselbach

Kleines Konjak-Einmaleins

Etwas Konjak-Botanik und Geschichte

Die Konjakwurzel ist ein Bestandteil einer mehrjährigen krautigen Pflanze mit dem netten Namen »Teufelszunge«, lateinisch *Amorphophallus konjac*. Die Teufelszunge kann bis zu 2,5 Meter hoch werden und wächst seit Jahrtausenden im ostasiatischen Raum (Japan, West- und Zentralchina) in Höhenlagen.

Amorphophallus konjac mag ein moderates Klima in einer Höhe von 600 bis 2500 Metern, aber keinen Frost. Als Lebensraum bevorzugt sie die Waldränder und Lichtungen in den Wäldern ganz Ostasiens. Überall da, wo es halbschattig und feucht ist, siedelt sich die wilde Teufelszunge gerne an.

Die Pflanze sieht etwas außerirdisch aus, denn sie entwickelt aus der Wurzel nur einen einzigen baumartigen Stamm, der am oberen Ende einen Blätterschirm trägt. Dazu bildet die Teufelszunge eine einzige große dunkelrote Blüte, die aus einem kegelartigen großen Blatt und einem langen Kolben in der Mitte besteht. An dem Kolben befinden sich im unteren Teil die männlichen und weiblichen Blüten, aus denen nach der Bestäubung orange Beeren gebildet werden.

Der Name »Phallus« ist wegen der optischen Verwandtschaft auf jeden Fall sehr passend, aber ich möchte unbedingt darauf hinweisen, dass es sich bei *Amorphophallus konjac* trotz aller gesundheitlicher Vorteile nicht um ein Aphrodisiakum handelt.

Nach der Blütezeit sterben Blätter und Stängel ab und zurück bleibt die etwa zuckerrübengroße Knolle mit einem Durchmesser von bis zu 25 Zentimetern, die nach einer Ruhephase von drei bis sieben Monaten wieder austreibt, wenn, ja wenn sie nicht geerntet wird und unseren Speiseplan erweitert.

Heute wird die Teufelszunge in Asien landwirtschaftlich in großem Stil angebaut und geerntet, um damit den weltweit steigenden Bedarf zu decken. Die globale Produktion von Konjakmehl beläuft sich auf stattliche 25 000 bis 35 000 Tonnen im Jahr und es gibt in China über 400 Fabriken, die auf 200 Quadratkilometern Konjakwurzeln anbauen und Konjakmehl und andere damit verbundene Produkte herstellen.

In Europa wird die Teufelszunge bereits versuchsweise in Gewächshäusern kultiviert. Wer weiß, vielleicht gibt es also irgendwann einmal hausgemachte urdeutsche Konjaknudeln. Ein spannender Gedanke, finden Sie nicht?

Neben dem in Asien verbreiteten Einsatz als Heilmittel – Konjak wird seit über 2000 Jahren im Rahmen der traditionellen chinesischen Medizin (TCM) zum Beispiel zur Entgiftung eingesetzt –, spielt die Konjakwurzel in Asien auch als Lebensmittel seit Jahrhunderten eine wichtige Rolle. Die Asiaten lieben die aus Konjak gemachten Shirataki-Nudeln (weißer Wasserfall) oder Konnyaku, eine japanische Speise, die auch als »Tofu aus der Konjakwurzel« bezeichnet wird.

Eventuell sind Ihnen diese Produkte bereits in Asialäden aufgefallen, die sie häufig auch bei uns verkaufen. In der westlichen Welt erreichte Konjak in den 1980er-Jahren Aufmerksamkeit. Aber so richtig bekannt geworden ist die unscheinbare Knolle bei uns erst seit wenigen Jahren, nachdem sich herumgesprochen hat, was für ein tolles Superfood sie darstellt.

Das gesunde Innenleben der Konjakwurzel

Das Naturprodukt Konjakwurzel enthält je nach Herkunft die folgenden Bestandteile:

- 49 bis 60 Prozent Glucomannan (wasserlöslicher Ballaststoff)
- 10 bis 30 Prozent Stärke
- 5 bis 14 Prozent Eiweiß
- 3 bis 5 Prozent Zucker

Um die Konjakwurzel für Lebensmittel einsetzbar zu machen, wird die natürliche Knolle zerkleinert, getrocknet und gemahlen. Dabei konzentriert sich der Anteil an Glucomannan und die anderen enthaltenen Stoffe werden größtenteils beseitigt. Am Ende verfügen die meisten handelsüblichen Konjakmehle über einen Anteil von 75 bis 90 Prozent Glucomannan im Mehl bis hin zu reinen Glucomannan-Pulvern, die vor allen Dingen in Kapseln zur Einnahme als Nahrungsergänzungsmittel zum Einsatz kommen.

Alles dreht sich um das Glucomannan.

Die gesundheitlichen Vorteile der Konjakwurzel beruhen auf dem begehrten Stoff Glucomannan. Es handelt sich hierbei um eine Substanz, die von der Struktur her an eine Stärke erinnert. Chemisch gesehen fällt Glucomannan damit in die Familie der Kohlenhydrate, aber mit sehr speziellen Eigenschaften.

Glucomannan besteht nämlich aus Polysaccharidketten, die aus D-Glucose und D-Mannose zusammengesetzt sind. Und diese Bausteine sind wiederum so miteinander verbunden, dass sie in unserem Körper nicht verwertet werden können. Genauer gesagt sind unsere Verdauungsenzyme nicht in der Lage, diese aufzuspalten. So erreicht der Ballaststoff Glucomannan unverdaut den Darm und wird dort von den vorhandenen Darmbakterien fermentiert (verdaut). Die dabei entstehenden kurzkettigen Fettsäuren sind dort verwertbar für die Zellen der Darmschleimhaut und haben gesundheitsfördernde Eigenschaften.

Dank dieser speziellen Verstoffwechslung ist Konjakmehl ein Lebensmittel, das ohne verwertbare Kohlenhydrate und fast kalorienfrei auf den Teller kommt. Dazu 100 Prozent natürlich und rein pflanzlich. Im Gegenzug hat der wasserlösliche Ballaststoff Glucomannan die Fähigkeit, bei ausreichender Flüssigkeitszufuhr, das 50-Fache seines Eigengewichts an Wasser zu absorbieren und dabei ein Volumen zu entwickeln, das dem 100- bis 200-fachen des Ausgangsvolumens entsprechen kann. Das ist die höchste bekannte Wasserbindungskapazität aller natürlichen Substanzen und der Grund, weshalb das Quellvermögen zur Sättigung und im Rahmen von Diäten erfolgreich eingesetzt wird.

Trotz des überzeugenden Innenlebens der Konjakwurzel gibt es auch warnende Hinweise, was den Konsum von Glucomannan angeht. Gerade zu Beginn der Verwendung von Konjak kann der Verzehr von großen Mengen Durchfall, Bauchschmerzen und Blähungen verursachen. Lassen Sie dem Darm etwas Zeit, sich an den ungewohnten Ballaststoff zu gewöhnen und steigern Sie die verzehrte Menge schrittweise.

Konjak braucht zusätzliche Flüssigkeit!

Wegen des hohen Quellvermögens des Glucomannan ist es zwingend notwendig, beim Verzehr von Konjak, in welcher Form auch immer, stets ausreichend Flüssigkeit zu sich zu nehmen. Gewöhnen Sie sich also an, ein großes Glas Wasser (300 bis 400 ml) zu trinken, wenn Sie Konjakmehl bzw. Glucomannan konsumieren.

Bei der Verwendung von Konjakmehl und dem Verzehr von Produkten aus der Konjakwurzel müssen insbesondere Verbraucher mit Schluckbeschwerden aufpassen, denn bei nicht ausreichender Flüssigkeitszufuhr besteht Erstickungsgefahr. Dieser Umstand hat dazu geführt, dass zum Beispiel Gelee-Süßwaren nicht mehr mit Konjakmehl als Verdickungsmittel hergestellt werden dürfen.

Glucomannan soll seine wunderbare Quellwirkung im Bauch entfalten und nicht schon auf halbem Weg dorthin, was zu Problemen führen könnte.

Trinken, trinken, trinken deshalb nicht vergessen!

Mit viel Flüssigkeit im Magen angekommen, entwickelt der wasserlösliche Ballaststoff Glucomannan im Verdauungstrakt eine gelartige Konsistenz und verzögert so die Aufnahme der zeitgleich oder etwas später verzehrten Nahrungsmittel.

Dieser Brei aus Nahrungsmitteln und Konjak wird im Magen lange festgehalten, was ein gutes und andauerndes Sättigungsgefühl erzeugt. Weiter im Darm angekommen umschließt der Konjakschleim die vorhandenen Nahrungsbestandteile, sodass diese nicht so gut verwertet werden können wie sonst üblich. Das Stuhlvolumen wird dazu deutlich erhöht und die Darmpassage beschleunigt. Die Verdauung wird normalisiert und ein regelmäßiger Stuhlgang leichter.

Dies sind alles positive Wirkungen des Glucomannan, können aber zu Folge haben, dass die Aufnahme von Vitaminen und Mineralstoffen behindert wird. Die Konjakwurzel verfügt zwar selbst über eine Reihe von Nährstoffen, zum Beispiel Kalium, die aber gemessen an der verzehrten Menge ernährungsphysiologisch nicht ins Gewicht fallen. Der Vorteil der Knolle liegt woanders. Daher ist es wichtig, die gesunde Ballaststoffwurzel mit nährstoffreichen Lebensmitteln zu kombinieren. Wie, werden Sie später im Rezeptteil sehen. So bekommt der Körper alles, was er braucht, und noch mehr.

Jetzt aber erst einmal genug der Warnungen, denn Konjak ist wirklich nicht gefährlich, wenn man diese kleinen Besonderheiten beachtet. Nun soll es darum gehen, was die gesunde Knolle alles für Sie tun kann.

Abnehmen mit der Wunderknolle

Glucomannan, der offiziell anerkannte Abnehmwirkstoff

Mittel, die beim Abnehmen helfen sollen, gibt es reichlich am Markt. Versprochen wird häufig sehr viel und gehalten wenig. Bei der Konjakwurzel, oder besser gesagt dem Glucomannan, sieht das anders aus.

Um uns Verbraucher vor irreführenden Werbeaussagen der Nahrungsmittelindustrie zu schützen, hat die EU-Kommission eine sogenannte Health-Claim-Verordnung erlassen. Darin ist geregelt, welche Lebensmittel mit positiven gesundheitlichen Wirkungen werben dürfen. In dieser Verordnung gibt es aktuell nur ein Mittel, das offiziell mit dem Zusatz »kann im Rahmen einer kalorienreduzierten Diät die Gewichtsabnahme unterstützen« beworben werden darf.

Und das ist: Glucomannan.

Wir haben es also amtlich, denn die EU hat die Wirksamkeit bestätigt: »Glucomannan trägt im Rahmen einer kalorienarmen Ernährung zu Gewichtsverlust bei«, so steht es wortwörtlich in der Verordnung.

Grundlage für die Entscheidung, Glucomannan mit dem Health-Claim zu adeln, ist die auf Studien beruhende Einschätzung der Europäischen Lebensmittelaufsichtsbehörde ESFA (European Food Safety Authority), die im Herbst/Winter 2010 eine dementsprechende wissenschaftliche Einschätzung abgegeben hat.

Es gibt jedoch in der Verordnung ergänzende Angaben, was die Dosierung und Einnahme angeht, um von der positiven Wirkung zu profitieren. Hier der genaue Auszug aus der EU-Verordnung Nr. 432/2012 vom 16. Mai 2012:

»Die Angabe darf nur für Lebensmittel verwendet werden, die 1 g Glucomannan je angegebene Portion enthalten. Damit die Angabe zulässig ist, sind die Verbraucher darüber zu unterrichten, dass sich die positive Wirkung bei einer täglichen Aufnahme von 3 g Glucomannan in drei Portionen à 1 g in Verbindung mit 1–2 Gläsern Wasser vor den Mahlzeiten und im Rahmen einer kalorienarmen Ernährung einstellt.«

Okay, es braucht mindestens 3 Gramm Glucomannan verteilt auf drei Mahlzeiten. Mehr ist bis zur persönlichen Verträglichkeit kein Problem, denn Glucomannan ist, wie bereits beschrieben, von wenigen Einschränkungen abgesehen gesundheitlich unbedenklich. Mit dem Hinweis »Einnahme vor dem Essen« soll erreicht werden, dass sich durch die Bauchfüllung des aufgequollenen Glucomannan bereits eine gewisse Sättigung einstellt und in der Folge, auch wegen der verzögerten Abgabe des Konjak-Nahrungsbreis in den Darm, der Magen länger gefüllt bleibt. Bei den Studien, die für den Health-Claim herangezogen wurden, ist der Ballaststoff aus der Konjakknolle stets wie in der EU-Verordnung beschrieben, verabreicht worden.

Leider wird bei der Anwendungsempfehlung nicht berücksichtigt, dass man den Zauberstoff ebenfalls prima in eine Mahlzeit einbauen und somit Schlemmen und Abnehmen verknüpfen kann. Eine Studie mit Konjaknudeln und Co. gibt es bisher bedauerlicherweise nicht, aber es liegt nahe, dass der positive Effekt unter Berücksichtigung der vorgegebenen Dosierung auch da zum Tragen kommt.

So weit der offizielle Teil, denn nun gehen wir ins Detail.

Was Konjak zum perfekten Abnehmhelfer macht

Konjakmehl, das Hauptprodukt aus der Konjakwurzel, punktet durch:

- einen extrem niedrigen Kaloriengehalt von etwa 150 bis 190 Kilokalorien pro 100 Gramm Konjakmehl. Konjakmehl ist daher, gemessen an der Menge des Verzehrs pro Mahlzeit, kalorisch nicht relevant. Dieser Umstand senkt die Kalorienzufuhr bei jeder einzelnen Mahlzeit, in die die Konjakwurzel, in welcher Form auch immer, integriert ist. Kalorienverdünnung ist das Stichwort, denn die Konjakwurzel senkt das Verhältnis zwischen Energie und Gewicht der verzehrten Nahrung.
- die Abwesenheit von Kohlenhydraten, was den Blutzuckerspiegel und damit zusammenhängend den Bedarf des Fettspeicherhormons Insulin reduziert und den Gewichtsverlust begünstigt.
- die Fähigkeit sich 100- bis 200-fach auszudehnen und sich mit viel Wasser zu verbinden. Dies erhöht das Nahrungsvolumen, füllt somit ordentlich den Bauch. Dazu macht der verlängerte Aufenthalt des Konjak-Nahrungsbreis im Magen lange satt.
- die Eigenschaft, neben Wasser auch andere Stoffe, wie zum Beispiel Fette, Kohlenhydrate, zu absorbieren und kalorisch unverwertet über den Stuhlgang auszuscheiden.
- die Reduzierung des Hungergefühls durch den Einfluss, den Glucomannan auf den Ghrelinspiegel nimmt. Ghrelin ist ein hungerauslösendes Hormon und bei regelmäßigem Glucomannanverzehr sinkt die Ghrelinausschüttung und damit der Hunger.
- die verstärkte Produktion des körpereigenen hungerhemmenden Verdauungshormons Peptid YY, was im Rahmen der bakteriellen Fermentation in den Darmzellen zu Propionat (kurzkettige Fettsäure) gebildet und freigesetzt wird.

Jetzt noch mal in Kurzfassung, wie Konjak helfen kann, schlank zu werden:

Die Konjakwurzel füllt den Teller fast ohne Kalorien, ohne Kohlenhydrate, fettfrei, dafür pflanzlich, vegan, laktosefrei, glutenfrei und basisch. Die Fähigkeit, das 50-Fache des eigenen Gewichts an Wasser zu absorbieren und sich um ein Vielfaches auszudehnen, sorgt für ein lang anhaltendes Sättigungsgefühl und dazu wandern einige Nahrungskalorien mit dem gelartigen Konjakbrei durch den Darm direkt in die Toilette. Die Verdauung des Glucomannan setzt dazu hungerreduzierende Stoffe frei und reduziert Hormone, die den Appetit steuern.

Abnehmtipps und -tricks mit Konjak

Vielleicht fragen Sie sich schon eine ganze Weile, weshalb ausgerechnet ich ein Buch zum Thema Abnehmen schreibe, also über welche Expertise ich eigentlich verfüge.

Deshalb kurz einige Worte zu mir und meiner Gewichtsentwicklung. Im Jahr 2013 war ich über 130 Kilogramm schwer. Es wurde eine Diabetes-Diagnose gestellt und es ging mir körperlich und vom Kopf her immer schlechter. Und das, obwohl ich seit 25 Jahren regelmäßig versucht hatte, dem Problem Herr zu werden, aber am Ende war ich nach jeder Diät schwerer als zuvor und wurde immer unglücklicher und kränker. So habe ich mich auf den langen Weg gemacht und innerhalb von 18 Monaten etwa 60 Kilogramm an Gewicht verloren. Eine echte Ochsentour, mit Höhen und Tiefen. Aber ich habe dabei viel gelernt, über mich, über das Abnehmen und darüber, wie es gelingen kann, langfristig das geschrumpfte Gewicht zu halten. Weiter wie bisher funktioniert nicht mehr, das war die Wahrheit, die ich lange nicht an mich heranlassen wollte.

Mein Gewicht reduziert habe ich mithilfe einer moderaten und entspannten Reduzierung der Kohlenhydrate, also Low Carb. Ich halte dies, gerade in der gemäßigten und gemüsereichen Form, für eine sehr gesunde Ernährungsweise und fühle mich seitdem »angekommen« – nicht nur bei meinem Wohlfühlgewicht, das bis auf kleine Schwankungen erfreulich stabil geblieben ist. Nein, auch mehr als fünf Jahre später ernähre ich mich immer noch kohlenhydratreduziert und auf der Suche nach neuen Möglichkeiten, meine Ernährung noch abwechslungsreicher zu gestalten, wurde ich auf die Produkte aus Konjak aufmerksam. So hat sich ganz langsam die tolle Knolle in meiner Küche immer weiter ausgebreitet.

Die Erweiterung meines Speiseplans durch Produkte aus der Konjakwurzel hat meinem Low-Carb-Leben frischen Schwung und mehr Qualität verliehen und hilft mir bis heute, mein neues Körpergewicht zu halten. Wenn Sie mehr über meinen Low-Carb-Weg zum Glück lesen wollen, dann besuchen Sie mich in meinem Blog »Happy Carb«, den Sie im Internet finden (www.happycarb.de/). Sie entdecken dort unter dem Tag Konjak (www.happycarb.de/konjak/) weitere leckere Rezeptideen mit Konjak, die ständig erweitert werden.

Happy Carb
Mein Low-Carb-Weg zum Glück

Wie Sie mithilfe von Konjak erfolgreich Gewicht verlieren können:

1. Ermitteln Sie Ihren persönlichen Energiebedarf (Grundumsatz + Bewegungsumsatz) und reduzieren Sie die Kalorienzufuhr um 15 bis 25 Prozent. Das reicht, um langfristig erfolgreich abzunehmen und gleichzeitig mit den notwendigen Nährstoffen versorgt zu werden.

   Bitte bedenken Sie: Konjak hat in den verzehrten Mengen wenig Nährstoffe, sondern besteht fast nur aus zur Energieversorgung nicht nutzbaren Ballaststoffen. Wir brauchen jedoch für unsere Existenz 47 lebenswichtige Stoffe. Ich rede da von Vitaminen, Mineralien, Spurenelementen, Aminosäuren (stecken im Eiweiß) und zwei essenziellen Fettsäuren, die unser Körper nicht selbst herstellen kann. Sie müssen, auch wenn Sie Kalorien reduzieren und Gewicht verlieren wollen, diese 47 Stoffe in ausreichender Menge zuführen. Alles andere führt zu einem Mangel und würde Ihnen nicht guttun. Gewicht verlieren werden Sie nur gesund, wenn diese Stoffe alle tagtäglich auf Ihrem Teller liegen bzw. Sie diese Nährstoffe passend ergänzen.

   Kombinieren Sie daher die Produkte aus Konjak mit Gemüse, Milchprodukten, Vollkorngetreide, Hülsenfrüchten, Nüssen, Früchten, gesunden Ölen, Fleisch und Fisch.

2. Essen Sie drei Mahlzeiten pro Tag, verzichten Sie auf Zwischenmahlzeiten und binden Sie Konjak entweder direkt in die Mahlzeit ein, zum Beispiel als Konjaknudeln-/reis, oder als Konjakmehl in Shakes oder Suppen und vergessen Sie nicht, zu jeder Mahlzeit zusätzlich

ein großes Glas kalorienfreie Flüssigkeit zu trinken.

Keine Angst, nicht jede Mahlzeit muss künftig Konjak als Kochzutat enthalten, denn Konjakmehl kann auch ganz praktisch getrunken werden.

Rühren Sie dazu bei konjakfreien Mahlzeiten 30 Minuten vor dem Essen ½ Teelöffel Konjakmehl (2g) in ausreichend Wasser (300ml). Das klappt klümpchenfrei sehr gut mit einem Schneebesen.

Zugegeben, Wasser mit Konjakmehl ist kein kulinarischer Höhepunkt, auch wenn Konjakmehl allein nach nichts schmeckt, jedoch lässt sich das Konjakmehl prima in kalten, ungesüßten Tee einrühren. Da fällt es dann leichter, ein weiteres Glas Flüssigkeit hinterherzutrinken.

Mit ½ Teelöffel Konjakmehl (2g) erreichen Sie, zumindest bei Betrachtung der handelsüblichen Produkte, auf jeden Fall die Menge Glucomannan auf dem Teller oder getrunken im Bauch, die in der EU-Verordnung als Mindestmenge für den Abnehmeffekt benannt wird.

3. Ich kann Ihnen aus persönlicher Erfahrung versichern, dass die Kombination von Konjak mit Low Carb perfekt passt. Die Vorteile der moderat kalorienreduzierten Kost mit den Eigenschaften der kohlenhydratreduzierten Ernährung, kombiniert mit dem Schlankmacher Konjak, versprechen ein erfolgreiches Abnehmen bei maximalem Genuss, jedoch ohne quälendes Hungern. Meine Rezepte im hinteren Teil des Buches sind alle darauf ausgelegt, die Vorteile der Konjakwurzel optimal zu nutzen und die kleinen Schwächen auszugleichen.
4. Trinken Sie ausreichend, und das nur kalorienfrei. Und denken Sie an das Glas extra, wenn die Mahlzeit Konjak enthält.
5. Bewegen Sie sich regelmäßig und so, wie es Ihnen Freude bereitet. Sie gehen gerne ins Fitness-Studio oder schwitzen freudig beim Zumba? Perfekt, dann tun Sie das bitte regelmäßig. Aber auch Schwimmen, Radfahren, Joggen, Walken in Kombination mit der Stärkung der Muskulatur erhöhen zwar nicht gewaltig den Abnehmerfolg, machen Kreislauf und Geist aber fit für das Leben und dazu happy. Jede Bewegung ist gut, besonders die kleinen Alltagsaktivitäten, also nehmen Sie lieber mal wieder die Treppe statt den Lift.
6. Stellen Sie sich darauf ein, dass sich Ihre Ernährung langfristig verändern muss, wenn die Kilos nicht zurückkommen sollen. Ob weniger Kohlenhydrate oder langfristig mehr Konjak auf dem Teller, finden Sie Ihren dauerhaften Wohlfühlweg zum bleibenden Traumgewicht. Mit der Konjakwurzel haben Sie auf jeden Fall einen Helfer an der Seite, der Sie wirksam unterstützen kann.

Bitte keinen Konjakzwang, sonst geht die Freude verloren.

Sehen Sie es aber mit dem Konjakkonsum bitte nicht zu eng. Denn selbst wenn Sie es nicht an jedem Tag dreimal schaffen, Konjak in den Speiseplan einzubauen, oder beim Gewichtserhalt eventuell nicht mehr ganz so regelmäßig Lust darauf haben, stellt jede Mahlzeit mit der gesunden Knolle eine wertvolle Erweiterung des Speiseplans dar. Es geht beim Verzehr von Konjak nämlich nicht nur um das Thema Gewichtsverlust, die Wurzel hat noch viele weitere positive Effekte für Sie im Gepäck.

Der Sattmacher-Turbo-Konjak-Powertrunk

An dieser Stelle möchte ich Ihnen das Rezept meines Konjak-Powertrunks verraten, der bei mir gelegentlich eine Mahlzeit ersetzt und sich als echter Energiespender und Sattmacher bewährt hat.

Mit diesen Zutaten kommt Vitamin-Power ins Glas:

150 ml rosa Grapefruitsaft, frisch gepresst (1 größere rosé Grapefruit)
100 ml Rote-Bete-Saft (Direktsaft, fertig gekauft)
100 ml Wasser
1 TL Stevia-Streupulver mit Erythrit
½ TL Konjakmehl (2 g)

Alle Zutaten in den Mixer geben, vermischen und sofort trinken. Besonders lecker wird der Konjak-Powertrunk, wenn der Rote-Bete-Saft und die Grapefruit vorher gekühlt werden.

TIPP

Keine Lust auf Rote Bete? Nehmen Sie Karotten- und Orangensaft oder mixen Sie Ihren Lieblings-Konjak-Vitaminstoß nach eigenem Belieben.

Glucomannan, natürlich gut für die Gesundheit

Der Stoff Glucomannan ist nachweislich dafür verantwortlich, dass Sie mithilfe der Konjakwurzel Gewicht verlieren können. Aber die gesundheitlichen Vorteile gehen weit darüber hinaus und machen Konjak zu einem alltagstauglichen Lebensmittel, das Ihnen langfristig zu mehr Gesundheit verhelfen kann.

Glucomannan und der Cholesterinspiegel

Wieder begegnet uns an dieser Stelle die EU-Kommission, denn die hat in ihrer Health-Claim-Verordnung ebenfalls festgelegt, dass Glucomannan mit dem Zusatz **»trägt zur Aufrechterhaltung eines normalen Cholesterinspiegels im Blut bei«** beworben werden darf.

Wie beim Abnehmen auch gibt es mengenmäßige Mindesterfordernisse, damit die positive Wirkung eintritt. Hier der Auszug aus der Verordnung:

»Die Angabe darf nur für Lebensmittel verwendet werden, deren Verzehr eine tägliche Aufnahme von 4 g Glucomannan gewährleistet. Damit die Angabe zulässig ist, sind die Verbraucher darüber zu unterrichten, dass sich die positive Wirkung bei einer täglichen Aufnahme von 4 g Glucomannan einstellt.«

Im Vergleich zur Menge, die nötig ist, um die Gewichtsabnahme zu unterstützen, braucht es zur positiven Beeinflussung des Cholesterinspiegels 1 Gramm mehr Glucomannan pro Tag. Bevor Sie jetzt sofort damit anfangen, sich Gedanken darüber zu machen, wie Sie das erreichen, hier gleich die Information, dass Sie die vorgeschriebene Menge mit meinen Rezeptvorschlägen auf jeden Fall erreichen. Darauf habe ich extra geachtet.

Die Wirkung des Glucomannan auf den Cholesterinspiegel ist in 14 klinischen Studien belegt. Glucomannan senkt das schlechte LDL-Cholesterin und reduziert erhöhte Triglyzeride. Das als gutes Cholesterin bekannte HDL-Cholesterin bleibt von der Senkung ausgenommen und wird durch die Einnahme bzw. den Verzehr von Konjak nicht bzw. nur unwesentlich reduziert. Diese günstige Kombination kann nach dem Stand der Wissenschaft ein geringeres Risiko für Herzkranzgefäßerkrankungen bedeuten.

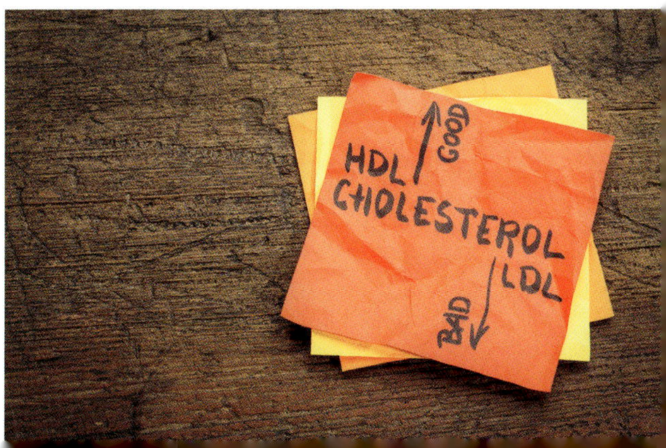

Der Wirkmechanismus liegt in unserem Verdauungstrakt, wo das Glucomannan den Transport und den Neuaufbau von Cholesterin hemmt und die Verstoffwechselung von Gallensäure unterdrückt, mit dem Ergebnis, dass sich der LDL-Gehalt im Blut reduziert.

Wie bei anderen löslichen, gelbildenden Ballaststoffen auch werden mit dem zähen Nahrungs-Glucomannan-Brei im Darm Nahrungsbestandteile, zu denen auch Fette und Cholesterin gehören, teilweise ohne vom Körper aufgenommen worden zu sein, ausgeschieden. Dabei bindet Glucomannan im Verdauungstrakt Gallensäure und scheidet diese ebenfalls mit dem Stuhl aus. Ein weiterer Teil der Gallensäure wird gemeinsam mit dem Glucomannan durch die Darmbakterien abgebaut. Bei regelmäßigem Verzehr von Glucomannan steigt dadurch die Produktion von Gallensäure an – die in der Leber aus Cholesterin gebildet wird – und der Cholesterinspiegel sinkt in der Folge.

Die Senkung der Triglyzeride bei längerer Anwendung von Glucomannan ist ebenfalls in Studien belegt. Triglyzeride werden einerseits mit der Nahrung aufgenommen, aber auch vom Körper selbst aus Kohlenhydraten hergestellt. Glucomannan schleust von den mit der Nahrung aufgenommenen Triglyzeriden mit dem Nahrungsbrei einen Teil aus dem Körper aus. Daneben führt der Ersatz der klassischen kohlenhydrathaltigen Lebensmittel (Nudeln und Reis) durch fast vollständig kohlenhydratfreie Produkte aus der Konjakwurzel zu einer Reduzierung der Kohlenhydrate und damit zu einer verminderten Eigenherstellung von Triglyzeriden.

Den Triglyzeriden wird häufig keine große Bedeutung beigemessen, aber sie sind ein eigenständiger Risikofaktor für Herz-Kreislauf-Erkrankungen und häufig ein Indikator für das Vorliegen weiterer Wohlstandserkrankungen, bekannt unter dem Überbegriff »metabolisches Syndrom«.

Glucomannan und Diabetes/ Insulinresistenz

Die Überleitung vom Thema Cholesterin und dem gerade benannten metabolischem Syndrom zu einem gestörten Blutzuckerhaushalt ist einfach, denn sehr oft treten die Erkrankungen gemeinsam auf und die Möglichkeit, mit Glucomannan beide Probleme günstig zu beeinflussen, ist überaus positiv zu bewerten.

Lassen Sie mich zuerst sagen, dass ich selbst Typ-2-Diabetikerin bin. Seit meiner Diagnose im Jahr 2013 ist viel passiert und ich lebe heute ein Diabetikerleben ohne tägliches Blutzuckermessen oder zusätzliche blutzuckersenkende Medikamente. Meine Medizin sind meine Ernährung und ein angepasster Lebensstil. Glucomannan gehört für mich nun schon seit einiger Zeit dazu und persönlich bin ich von den positiven Wirkungen überzeugt.

Wie steht es nun also um die Wirkung der Konjakwurzel auf den gestörten Blutzucker? Laut EU-Verordnung gilt sie zwar nicht als gesichert, die Studienlage lässt aber dennoch auf einen positiven Effekt schließen.

Für den Fall, dass Sie keine Berührungspunkte mit dem Thema Diabetes haben und/oder den Begriff Insulinresistenz nicht kennen, will ich beide Begrifflichkeiten knapp skizzieren. Bei der Insulinresistenz hat der Stoffwechsel Probleme, die über die Nahrung aufgenommenen Kohlenhydrate, die alle als Glucose im Blut landen, in die Körperzellen zu schaffen, wo die Glucose als Energielieferant gebraucht wird. Um die Körperzellen für die Glucose zu öffnen, braucht es das Hormon Insulin, das der zentrale Schlüssel in diesem Mechanismus ist. Die Gründe, weshalb es an dieser Stelle klemmt, sind vielfältig. Eine Insulinresistenz ist häufig genetisch veranlagt und verschiedene Faktoren wie Übergewicht, mangelnde Bewegung, kohlenhydratreiche hochglykämische Ernährung, Stress, Medikamente und einiges mehr können für die Stoffwechselstörung verantwortlich und Auslöser sein.

Wenn es das Insulin nicht mehr so einfach hinbekommt, den Zucker aus dem Blut in die Zellen zu schaffen, reagiert die Bauchspeicheldrüse darauf mit der Produktion von mehr Insulin. Dieses Spiel läuft dann so lange, bis die Bauchspeicheldrüse sich müde gearbeitet hat und ein nicht unerheblicher Teil der Betazellen die Arbeit

einstellt. Aus diesem entstehenden Insulinmangel entwickeln sich entgleiste Blutzuckerwerte, denn der Körper kann die zugeführten Kohlenhydrate nicht mehr aus dem Blut beseitigen. Das ist häufig der Zeitpunkt, an dem eine Typ-2-Diabetes-Diagnose gestellt wird. Die schlechte Wirksamkeit des Insulins gepaart mit dem Mangel an Insulin bringt die natürliche Blutzuckerregulierung zum Erliegen. Unerkannt und unbehandelt treten so über kurz oder lang schwerwiegende gesundheitliche Folgeschäden auf.

Konjak ist beim Thema Diabetes und Insulinresistenz in mehrfacher Hinsicht dienlich.

- Erst einmal enthält Konjak so gut wie keine verwertbaren Kohlenhydrate. Dementsprechend ist der glykämische Index (GI) und damit die glykämische Last (GL) von Glucomannan gleich 0. Beide Angaben beziehen sich auf die Blutzuckerwirkung, die ein Lebensmittel nach dem Verzehr erzeugt. Beim glykämischen Index wird die Blutzuckerreaktion gemessen an der Menge an Lebensmittel, mit der 50 Gramm Kohlenhydrate verzehrt werden, und dann im Verhältnis zur Blutzuckerwirkung von Traubenzucker (Referenzwert 100) betrachtet. Als Erweiterung berücksichtigt die glykämische Last die tatsächlich gegessene Menge an Kohlenhydraten pro Portion und stellt damit den Bezug zur eigentlichen Kohlenhydratdichte eines Lebensmittels her. Alles im Prinzip egal bei Konjak, denn 0 bedeutet kein Anstieg des Blutzuckers und kein erforderliches Insulin. Sie könnten unendlich viele (nasse) Konjaknudeln essen und würden doch nie die 50 g Kohlenhydrate zur Berechnung des GI erreichen. Das freut die Bauchspeicheldrüse, die nicht zum Großeinsatz blasen muss, wie es sonst nach kohlenhydratreichen Weizennudeln der Fall ist.

- Aber das ist längst noch nicht alles. Sie werden so gut wie nie Glucomannan isoliert im Verdauungstrakt liegen haben. Entweder Konjakprodukte sind Teil der Mahlzeit, oder Sie trinken 30 Minuten vor der Mahlzeit 2 Gramm Konjakmehl in einem großen Glas Wasser aufgelöst. In beiden Varianten vermischt sich Konjak mit dem Rest der Mahlzeit und verlangsamt insgesamt die Zuckeraufnahme im Darm bzw. ein Teil der vom Glucomannan umschlossenen Kohlenhydrate kann nicht aufgenommen werden. Dadurch entsteht eine blutzuckerglättende Wirkung. Würde man aus den Bestandteilen einer kompletten Mahlzeit die glykämische Last ermitteln, kann man die daraus resultierende Blutzuckerwirkung über den Verzehr von Glucomannan verringern. Das Ergebnis ist, dass der Blutzucker langsamer und weniger hoch ansteigt und der Bedarf an Insulin insgesamt geringer ist. Perfekt im Rahmen einer bereits bestehenden Diabetes-Erkrankung oder wenn der Blutzuckerhaushalt durch eine Insulinresistenz gestört ist.
- Nicht unbeachtet sollte bleiben, dass Konjak ein Hauptproblem der Diabetes-Erkrankung und eine Mit-Ursache der Insulinresistenz zu bekämpfen hilft, nämlich das verbreitete Übergewicht, eine der Wurzeln des Übels dieser Volkskrankheit, mit der fast sechs Millionen Menschen in Deutschland zu kämpfen haben.

Glucomannan und der Darm

Was der Darm nicht alles für uns tut! Immer etwas verschämt behandelt, wurde dem so wichtigen Organ in den letzten Jahren sehr viel mehr Aufmerksamkeit zuteil. Die Gesundheit des Menschen liegt im Darm. Hier werden die gegessenen Lebensmittel verdaut, Nährstoffe aufgenommen, das Immunsystem gefüttert, es wird gefiltert und Schadstoffe werden aussortiert und am Ende die Reststoffe ausgeschieden. Das ist richtig Arbeit und jeder kann sich denken, dass das, was wir da so durch unseren Darm jagen, unterschiedliche Wirkungen auf die Funktion und die langfristige Gesundheit des Darms hat.

Wenn es nicht gut läuft in unserem Darm können vielfältige Störungen die Folge sein: Verdauungsbeschwerden wie Verstopfung, Durchfall, Bauchschmerzen, die häufig als Reizdarm-Syndrom diagnostiziert werden. Unverträglichkeiten gegenüber Lebensmitteln – denken Sie nur an Laktose-, Fruktose-, Histamin- oder auch eine Gluten-/Weizenempfindlichkeit (nicht Zöliakie) – können durch einen aus dem Gleichgewicht geratenen Darm ausgelöst oder eine bestehende Erkrankung verschlimmert werden.

Entzündungen und Allergien können die Folge sein und selbst unsere psychische Gesundheit ist über die Hirn-Darm-Achse betroffen. Und ja, sogar Gewichtsprobleme haben mit der Darmgesundheit und den guten und den eher ungünstigen Darmbakterien zu tun, womit sich wieder der Kreis zu diesem Buch schließt, denn auf dem Cover steht ja ganz groß »Abnehmen mit Konjak« und nicht weniger habe ich Ihnen versprochen.

Dreh- und Angelpunkt für einen gesunden Darm sind unsere Darmbakterien. Ich muss hier erst einmal klarstellen, dass Sie nicht allein leben. Etwa 2 Kilogramm Ihres Körpergewichts bestehen aus Bakterien und ein nicht unerheblicher Teil davon lebt in Ihrem Darm. Das klingt vielleicht nicht appetitlich, ist aber lebensnotwendig, denn die Aufgaben der Bakterien im Darm sind vielfältig. Sie verdauen Nahrung, sie trainieren das Immunsystem, sie pflegen unsere Darmschleimhaut und sorgen damit für eine natürliche Barriere zwischen Darminhalt und Blut. Mit dieser wichtigen Aufgabe haben die Darmbakterien einen Einfluss drauf, wie fit die Darmschleimhaut ist und was durchgelassen wird und was nicht. Vielleicht haben Sie schon mal von einem löchrigen Darm (Leaky-Gut-Syndrom) gelesen, bei dem die Barriere gestört ist und damit die Darmwand durchlässig wird für schädliche Substanzen. Ein Alarmzustand für unser Immunsystem, das sich durch Entzündungsreaktionen wehrt. Letztendlich reagiert der Körper dann mit einer Krankheit.

Es macht also einen Unterschied, welche Bakterien in unserem Darm unterwegs sind. Jede Darmbesiedelung ist individuell wie ein Fingerabdruck. Aber bei der Gesamtzusammensetzung gibt es Bakterien, die wir lieber mögen, weil sie uns schlank und gesund halten (z. B. Bifidobakterien und Lactobazillen), und andere, die uns weniger am Herzen liegen, da sie gefräßig und fett machen (z. B. Clostridien).

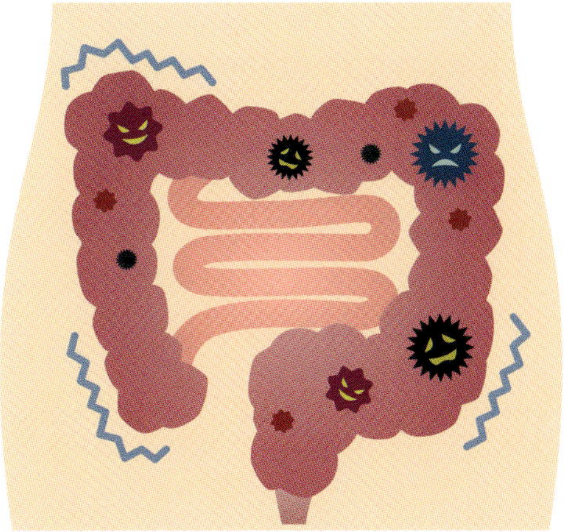

Wir füttern Bakterien mit dem, was wir tagtäglich essen. Und jetzt kommt Konjak ins Spiel, denn Glucomannan ist ein Präbiotikum, darunter versteht man unverdauliche Nahrungsbestandteile, die das Wachstum und/oder die Aktivität der Darmbakterien günstig beeinflussen und damit positiv auf den Darm und die Gesundheit des Menschen insgesamt wirken. Präbiotika finden sich ebenfalls in Gemüse wie Zwiebel, Chicorée, Topinambur, Schwarzwurzel, Yacon, oder auch Nüssen.

Die Konjakwurzel ist also feinstes Futter für Ihre Darmbakterien, und zwar genau die perfekte Nahrung für die Darmbakterien, die wir gerne in unserem Darm begrüßen und die sich bei guter Fütterung vermehren sollen. Ihre Bifidobakterien und Lactobazillen freuen sich über Glucomannan, und während sie sich schmatzend über die Mahlzeit hermachen, entsteht ein saures Klima im Darm, das den weniger erwünschten Bakterien das Leben schwer macht. So entsteht ein gesundes bakterielles Gleichgewicht im Darm, das sich reparierend und erhaltend auf den Zustand der Darmschleimhaut auswirkt, aber eben auch positiv bei der Reduzierung des Gewichts unterstützt. Der Anteil an guten und schlechten Darmbakterien entscheidet nämlich darüber, ob jede gegessene Kalorie verwertet wird oder ob ein Teil ausgeschieden wird. Eine unterschiedliche Zusammensetzung der Darmflora hat bei gleicher Kalorienzufuhr abweichende Auswirkungen auf das Körpergewicht.

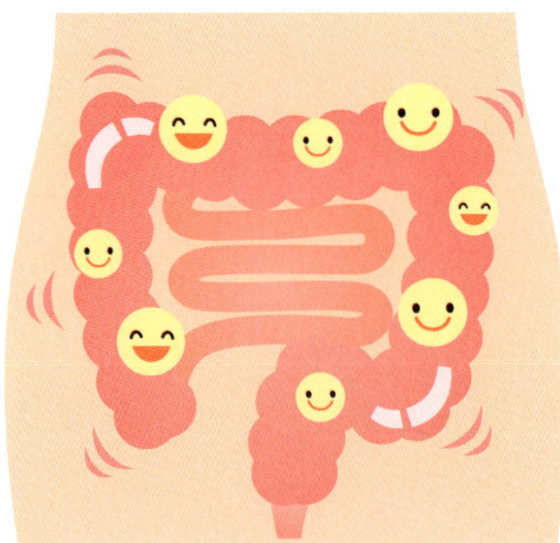

Besonders erwähnenswert ist in dem Zusammenhang, dass die glucomannanschmausenden Darmbakterien im Rahmen des Fermentationsprozesses vorrangig die beiden kurzkettigen Fettsäuren Propionat und Acetat erzeugen. Diese Fettsäuren sind die perfekte Energiequelle für die Zellen der Darmschleimhaut und so wird dem Darm mit dem Verzehr von Glucomannan geholfen, funktionsfähig und gesund zu bleiben.

Jenseits der Bakterienraubtierfütterung hat Glucomannan ebenfalls die positiven Wirkungen, die andere Ballaststoffe haben. Durch die Fähigkeit, extrem viel Wasser aufzunehmen und im Verdauungstrakt zu quellen, wie auch durch mehr Bakterienmasse im Darm, sorgt die Konjakwurzel für ein hohes Stuhlgewicht und einen verbesserten Stuhlgang. Die Darmmuskulatur wird aktiviert und es kommt Bewegung in den Darm. Ich möchte an dieser Stelle noch einmal darauf hinweisen, dass die ausreichende Flüssigkeitszufuhr extrem wichtig ist. Glucomannan ohne Wasserzufuhr hat nämlich die gegenteilige Wirkung und kann sogar Verstopfung verursachen. Eventuell haben Sie gerade zu Beginn des Verzehrs von Konjakprodukten etwas mit Blähungen oder leichter Verstopfung zu kämpfen. Der Darm muss sich an das gesunde Futter erst gewöhnen. Also, langsam ran an das gesunde Darmfutter und die Menge schrittweise erhöhen und bloß das Trinken nicht vergessen.

Glucomannan, der glücklich machende Tausendsassa

Am Tisch wird gerne gemeckert, denn jeder hat so seine persönlichen Vorlieben, und wenn mindestens vier Menschen am Tisch sitzen, hat zumindest einer mit einer Unverträglichkeit zu kämpfen oder lebt einen speziellen Ernährungsstil. Mit Konjak auf dem Teller sind Sie diesen Stress los, denn abgesehen von dem nicht vorhandenen ausgeprägten Geschmacks gibt es eigentlich nichts zu kritisieren.

Folgende ernährungsrelevante Aussagen treffen auf Konjak zu:

- Konjak ist basisch, damit perfekt für Menschen, die auf ein ausgewogenes Verhältnis von Säuren und Basen im Körper achten.
- Konjak ist vegan, also zu 100 Prozent pflanzlich und für Menschen, die sich ohne tierische Produkte ernähren, geeignet.
- Konjak enthält keine Laktose, Fruktose oder Histamin und ist damit ideal für Menschen, die mit entsprechenden Unverträglichkeiten zu kämpfen haben.
- Konjak enthält kein Gluten und ist damit für Zöliakie-Patienten geeignet.
- Konjak ist Low-Carb-kompatibel und passt in jede Form von kohlenhydratreduzierter Kost bis hin zur ketogenen Ernährung.
- Konjak ist fettfrei und eignet sich perfekt für das 30-Fettpunkte-Konzept oder das Low-Fat-Schema.

Es gibt also wirklich wenig Gründe, auf die Konjakknolle und die Produkte daraus zu verzichten.

Kochen und Backen mit Konjakpower

Die Anzahl der Produkte mit der Konjakwurzel als Bestandteil nimmt in den letzten Jahren beständig zu. Wie so oft, wenn ein Naturprodukt über außergewöhnliche Fähigkeiten verfügt, entstehen auch Produkte, über deren Sinn und Unsinn man streiten kann. In diesem Buch möchte ich mich schwerpunktmäßig mit den Basisprodukten beschäftigen und werde die typischen Convenience-Produkte, in denen häufig viele unnötige Zusatzstoffe verwendet werden, nicht zum Thema machen.

Die Mutter aller Konjakprodukte – das Konjakmehl

Wie bereits beschrieben, wird die Konjakwurzel zur Herstellung von Konjakmehl zerkleinert, getrocknet und gemahlen. Dabei konzentriert sich der Anteil an Glucomannan und die anderen enthaltenen Stoffe werden größtenteils beseitigt. Das führt dazu, dass die meisten handelsüblichen Konjakmehle über einen Anteil von 75 bis 90 Prozent Glucomannan, deklariert bei den Nährwerten als Ballaststoffe, verfügen. 100-prozentiges Konjakmehl ist demnach nicht dasselbe wie 100 Prozent Glucomannan. Bitte berücksichtigen Sie, dass die Mengenangaben für die positiven Wirkungen für den Gewichtsverlust und die Regulierung des Cholesterinspiegels sich immer auf reines Glucomannan, also den Ballaststoffanteil, beziehen und Sie, um auf die entsprechende Dosis zu kommen, eine höhere Menge Konjakmehl in die Mahlzeiten einbauen sollten.

Wie viel Konjakmehl pro Mahlzeit ist nötig, damit die Wirkung gesichert ist?

In meinen Rezepten arbeite ich pro Person und Mahlzeit stets mindestens mit ½ Teelöffel Konjakmehl, was 2 Gramm entspricht. Selbst wenn Sie ein Konjakmehl verwenden, das »nur« 75 Prozent Glucomannan enthält, kommen Sie bei einem Verzehr von drei Mahlzeiten mit 2 Gramm Konjakmehl auf eine Glucomannanzufuhr von 4,5 Gramm Glucomannan pro Tag. Genug, um den Gewichtsverlust zu unterstützen und den Cholesterinspiegel positiv zu beeinflussen.

Tipps beim Einsatz von Konjakmehl:

Gewöhnen Sie Ihren Darm langsam an die ungewohnten Ballaststoffe. Trinken Sie zu jeder Mahlzeit mit Konjakmehl immer ein großes Glas Flüssigkeit zusätzlich und ernähren Sie sich ausgesprochen nährstoffreich, weil ein Teil der mit der Nahrung aufgenommenen Vitalstoffe ausgeschieden wird bzw. durch den Nahrungsbrei im Darm nicht alle Nährstoffe absorbiert werden können. Gleiches gilt auch für Medikamente, wo die Aufnahme der Wirkstoffe verzögert oder eingeschränkt sein kann. Daher die Einnahme von oral verabreichten Medikamenten zeitlich von dem Verzehr von Glucomannan trennen.

In meinen Rezepten verwende ich ein Konjakmehl mit einem Glucomannan-Anteil von ca. 85 Prozent. Es lohnt durchaus, einen Blick auf das Kleingedruckte auf der Packung zu riskieren, denn der Anteil an Glucomannan macht einen Qualitätsunterschied aus und führt in der Küche zu leicht veränderten Ergebnissen. Bei einem Lebensmittel mit einer derart hohen Wasserbindungskraft, können 10 Prozent Differenz beim Ballaststoffanteil schon den Unterschied zwischen Suppe und Brei ausmachen.

Was steckt im Konjakmehl an verwertbarer Energie?

Den Energiegehalt von Lebensmitteln können wir an den Nährwerten ablesen. Die Nährwerte der Konjakmehle weichen je nach Produkt voneinander ab, aber ich möchte Ihnen kurz die Eckdaten eines durchschnittlichen Konjakmehls benennen, weil die Informationen in der Nährwerttabelle durchaus erklärungsbedürftig sind.

Durchschnittliche Nährwerte pro 100 g Konjakmehl:

Brennwert:	182 Kilokalorien
Fett:	0,0 g
Kohlenhydrate:	1,0 g
Eiweiß:	2,0 g
Ballaststoffe:	85,0 g

Vielleicht fragen Sie sich jetzt, wie es zu der hohen Anzahl von Kalorien kommt, wo doch fast keine verwertbaren Makronährstoffe (Fett, Kohlenhydrate, Eiweiß) enthalten sind. Ich hatte Ihnen in den vorherigen Kapiteln ja bereits vollmundig angepriesen, dass Konjak fast keine verwertbare Energie auf den Teller bringt und deshalb der perfekte Schlankmacher ist.

Hier kommt schon wieder die EU ins Spiel. Denn gemäß der Nährwert-Kennzeichnungs-Verordnung werden Ballaststoffe, trotz des Umstandes, dass sie im Darm nicht oder nur geringfügig verwertet werden können, seit Ende 2016 verpflichtend pauschal mit dem halben Brennwert der Kohlenhydrate ausgewiesen, also mit 2 Kilokalorien pro Gramm. Es gibt auch da Abweichungen bei der Deklaration der einzelnen Produkte, aber das Verständnis, dass dem so ist, erklärt später im Buch den Kaloriengehalt der einzelnen Konjakprodukte, der je nach individuellem Ballaststoffgehalt unterschiedlich hoch ausfallen kann.

Wie viele Kalorien erzeugt Glucomannan im Darm?

Es gibt eine japanische Studie, in der ermittelt wurde, in welchem Umfang beim Fermentierungsprozess von Glucomannan im Darm Energie entsteht. 1 Gramm Glucomannan liefert demnach 1 Kilokalorie Energie, die bei der Fermentation von Glucomannan in Form von kurzkettigen Fetten erzeugt wird. Berücksichtigen wir dieses Ergebnis, hätte unser Konjakmehl demnach keine 182 Kilokalorien, sondern genauer gesagt wären es in dem Beispiel echte 97 Kalorien. Aber machen Sie sich jetzt deswegen nicht verrückt, denn gemessen an der Portionsgröße von Glucomannan pro Mahlzeit, ist das mit gutem Gewissen zu vernachlässigen. Konjakmehl ist kalorisch auf die Portionsgröße pro Mahlzeit gesehen nicht relevant – Ballaststoffkalorien hin oder her.

Was lässt sich mit Konjakmehl anfangen?

Aufgrund der bereits beschriebenen verdickenden Eigenschaft lässt sich das Konjakmehl perfekt in Rezepten einsetzen, in denen Flüssigkeit gebunden werden kann oder soll, also Shakes, Suppen oder Soßen. Natürlich können Sie auch Ihre Konjaknudeln selbst herstellen, was von den Kosten her vorteilhaft ist. Außerdem ist Konjakmehl backtauglich und verträgt Hitze. Daher lassen sich Brot, Brötchen und selbst Kuchen und weiche Kekse mit Konjak zaubern. Nur wirklich knusprig kann Konjak leider nicht.

Um zu vermeiden, dass sich Klümpchen bilden, empfehle ich, das Konjakmehl immer zügig mit einem Schneebesen einzurühren. Sollte das beim Kochen missglückt sein, dann kann der Mixer oder ein Pürierstab helfen, Klumpen zu beseitigen.

Wundern Sie sich nicht, dass das Konjakmehl mit der Zeit immer stärker andickt. Mixen Sie Shakes also wirklich nur direkt vor dem Verzehr und lassen Sie die Mischungen nicht zu lange stehen, sonst bekommen Sie einen Brei.

TIPP

Dank der Wasserlöslichkeit, lässt sich aber jedes zu dick geratene Malheur wieder relativ unproblematisch verflüssigen.

Konjakmehl ist geschmacklich kein besonderes Erlebnis, denn es schmeckt nach fast nichts. Gerade wenn Sie vor konjakfreien Mahlzeiten Ihre Dosis Glucomannan lieber trinken möchten, dann können Sie ½ Teelöffel Konjakmehl in 300 ml Wasser einrühren oder Sie machen es wie ich und verwenden dafür lieber einen schmackhaften ungesüßten Tee. Denken Sie bei der Einnahme daran, dass Sie am besten nach dem Glas mit dem Konjakmehl ein weiteres Glas Flüssigkeit hinterhertrinken, auch wenn ich Sie mit meiner dauernden Aufforderung auf die Flüssigkeitszufuhr zu achten, sicher schon nerve. Ich will nur sichergehen, dass Sie die Information erhalten, selbst wenn Sie nur ein Kapitel im Buch lesen und dann direkt zu den Rezepten weiterspringen.

TIPP

Warnhinweis: **Bitte niemals Konjakmehl trocken mit dem Löffel essen, denn dann besteht Erstickungsgefahr.**

Wie ist das mit dem genauen Abmessen des Konjakmehls?

Ich verwende in all meinen Rezepten zur Mengenangabe die Anzahl von Teelöffeln und/oder bei größeren Mengen auch eine Grammzahl. Leider sind nicht alle Teelöffel gleich, da die Formen so unterschiedlich sind. Als ich sämtliche Teelöffel in meinem Haushalt getestet habe, war von 3 bis 5 Gramm alles möglich.

Um da genauer zu sein und es für Sie nachvollziehbar zu machen, messe ich in meinen Rezepten das Konjakmehl mit einem mehrteiligen Metall-Messlöffelset ab, wie Sie es vom Backzubehör kennen. Damit habe ich bei den gestrichen gefüllten Löffeln immer die passende und genaue Menge und habe nicht das Problem, dass meine Küchenwaage diese Kleinstmengen nicht tarieren kann.

Folgende Messlöffelgrößen finden sich im Buch in den Rezepten:

- ¼ Teelöffel entspricht 1 g Konjakmehl.
- ½ Teelöffel entspricht 2 g Konjakmehl.
- ¾ Teelöffel entspricht 3 g Konjakmehl.
- 1 Teelöffel entspricht 4 g Konjakmehl.

Die Kosten für Konjakmehl liegen im Bereich von fünf bis sieben Euro für 100 Gramm. Das klingt erst einmal nach sehr viel. Wenn Sie aber berücksichtigen, dass Sie am Tag davon nur etwa 6 Gramm zu sich nehmen, dann reichen 100 Gramm für mehr als einen halben Monat. Damit erscheinen die Kosten schon in einem anderen Licht, vor allem angesichts dessen, was Sie an positivem Gegenwert erhalten.

Kaufen können Sie Konjakmehl in verschiedenen Internetshops, aber auch Apotheken sind in der Lage, Ihnen Konjakmehl als Nahrungsergänzungsmittel zu bestellen, falls es nicht vorrätig sein sollte. Mit welchen Produkten ich konkret gearbeitet habe, erfahren Sie am Ende des Buches bei den Bezugsquellen.

E 425, Konjak als Lebensmittelzusatzstoff

Konjakmehl ist in der EU als Lebensmittelzusatzstoff mit der Nummer E 425 zugelassen. Es wird dort geführt als Füllstoff, Geliermittel und Verdickungsmittel. **Der Verzehr von Konjak wurde von den Behörden als unbedenklich eingestuft und ein ADI-Wert (acceptable daily intake) wurde nicht vergeben.** Der ADI-Wert gibt die Menge eines Stoffes an, die über die gesamte Lebenszeit täglich gegessen werden kann, ohne dass dadurch gesundheitliche Gefahren zu erwarten wären.

Glucomannan in Kapselform

Wer von den Vorteilen des Glucomannan profitieren will, jedoch das Konjakmehl in einem Getränk nicht mag und sich fürs Kochen mit Konjakprodukten nicht erwärmen kann, für den ist Glucomannan in Kapselform eine Möglichkeit, sehr bequem Konjakwurzel zu sich zu nehmen. Die Angebote sind riesengroß und eine Vielzahl von Herstellern ist auf den Zug aufgesprungen. Die Kapseln enthalten in der Regel reines Glucomannan und kein Konjakmehl. Die meisten Produkte weisen 500 Milligramm Glucomannan auf und die Empfehlung lautet, drei mal zwei Kapseln pro Tag vor den Mahlzeiten mit reichlich Flüssigkeit einzunehmen.

Preislich liegen die Kapseln mit etwa 15 bis 20 Euro pro 100 Gramm erheblich über dem Preis für Konjakmehl. Selbst die höhere Konzentration an Glucomannan macht den preislichen Nachteil nicht wett, dafür ist die Einnahme bequem und auch unterwegs ganz praktisch in den Alltag zu integrieren.

Warnhinweise auf den Packungen mit Glucomannan-Kapseln.

Die Einnahme der Kapseln muss mit sehr viel Flüssigkeit erfolgen und die Verpackungen enthalten Warnhinweise, dass für Verbraucher mit Schluckbeschwerden oder bei unzureichender Flüssigkeitszufuhr Erstickungsgefahr besteht. Dieser Warnhinweis steht übrigens auch auf den Packungen von Konjakmehl und anderen Konjakprodukten, wobei das Glucomannan da in der Regel bereits in Flüssigkeit gelöst oder in Kombination mit weiteren Bestandteilen zubereitet wurde und nicht isoliert verzehrt wird. Dieser Unterschied minimiert das Risiko erheblich.

Bei der Einnahme von Konjakkapseln muss unbedingt vermieden werden, dass die Kapseln in der Speiseröhre stecken bleiben und diese sich rasch stark ausdehnen, noch bevor der Bauchraum erreicht ist. Die Kapseln sind dazu relativ groß, und wer sich generell mit einer oralen Tabletteneinnahme schwertut, wird mit den Kapseln unter Umständen Probleme haben.

Mein eigener Test mit den Glucomannan-Kapseln hat ergeben, dass die Sättigungswirkung bei mir wesentlich geringer ist und ich persönlich von dem losen und in Wasser bzw. Tee aufgelösten Konjakmehl oder dem Konjakmehl in der Mahlzeit mehr profitiere. Mich haben die Konjakkapseln, die käuflich zu erwerben sind, daher nicht überzeugt. Aber testen Sie selbst und entscheiden Sie für sich.

Konjaknudeln und Konjakreis, in der nassen Variante

Konjaknudeln erhalten Sie in Deutschland schon relativ lange in Asialäden, wo diese als Shirataki-Nudeln verkauft werden.

Nachdem die Vorteile der Konjakwurzel bekannt wurden, hat sich das Sortiment an nassen Konjaknudeln allerdings rasant vergrößert. Es gibt fast keine Nudelform, von Spaghetti bis Lasagneplatten, die es nicht aus der tollen Knolle gibt und auch als Reisersatz hat der kohlenhydratfreie Beilagenersatz den Einzug in die Supermärkte gehalten. Inzwischen gibt es die Produkte selbst in Aktionswochen beim Discounter und gut sortierte größere Supermärkte haben die Produkte dauerhaft im Regal. Im Internet gibt es ganze Shops, die sich voll auf die Produkte rund um Konjak eingeschossen haben.

Typisch für die nasse Variante der Konjaknudeln bzw. des Konjakreises ist, dass die Produkte in Flüssigkeit schwimmend in einem Plastikbeutel verpackt sind.

Die Basis der nassen Konjaknudeln bzw. vom Konjakreis ist das Konjakmehl, es macht etwa 3 bis 5 Prozent des Produktes aus. Der Rest, Sie werden es fast ahnen, ist Wasser, und damit das Ganze in Form kommt und bleibt, enthalten Konjaknudeln und -reis noch als Festigungsmittel Löschkalk in Lebensmittelqualität (Calciumhydroxid, $Ca[OH]_2$).

Mit einer Portion (abgetropft 200–250 g) der Konjakprodukte laden Sie sich so gesunde 5 bis 12,5 Gramm Ballaststoffe auf den Teller, also genug, um den Glucomannan-Erfordernissen der EU-Verordnung zu genügen. Von den Kalorien her punktet eine Portion der abgetropften Konjaknudeln bzw. des -reises mit schlanken 10 bis 25 Kilokalorien.

Falls Sie das erste Mal mit nassen Konjaknudeln arbeiten, dann möchte ich Sie warnen, denn die Zubereitung kann je nach Empfindlichkeit etwas unangenehm sein.

1. Öffnen Sie die Plastikverpackung und kippen Sie den Inhalt in ein Küchensieb.

2. Versuchen Sie den unangenehmen, leicht fischigen Geruch zu ignorieren, denn er ist harmlos und entsteht nur dadurch, dass das Wasser den Geruch der Konjakwurzel angenommen hat.

3. Spülen Sie die Konjaknudeln mit Wasser ab, dann noch einmal und noch etwas länger. So lange, bis sich der Geruch verflüchtigt hat.

4. Die Konjaknudeln entweder in einem Topf mit etwas Wasser 2 bis 3 Minuten vorkochen und dann abgießen oder in einem gekochten Gericht 2 bis 3 Minuten erhitzen und direkt genießen.

Grundsätzlich sind die Konjaknudeln und der Konjakreis sehr geschmacksneutral und nicht so fischig, wie man das wegen der Flüssigkeit in der Packung denken könnte. Die Produkte in der nassen Variante haben durch den hohen Wasseranteil eine etwas gummiartige, pralle Konsistenz, an der sich die Geister scheiden. Manch einer vergleicht den Biss mit dem Kauen auf Tintenfischringen. Es gibt jedoch auch da zwischen den Produkten Unterschiede und das Ausprobieren verschiedener Marken lohnt. Gerade die Produkte mit einem Ballaststoffanteil von 5 Prozent sind in meinen Augen auf dem Gaumen etwas angenehmer und weicher.

Meiner Erfahrung nach hasst man die nassen Konjaknudeln oder man liebt sie. Ich muss an dieser Stelle allerdings zugeben, dass ich kein großer Fan der nassen Konjaknudeln bin und den Konjakbeilagen erst richtig verfallen bin, als ich die trockenen Produkte kennengelernt habe. Bei mir scheitert der Genuss in erster Linie an der unangenehm riechenden Flüssigkeit. Den Geruch bekomme ich nicht aus der Nase und der Appetit ist weg. Das macht zwar auch schlank, aber ist nicht das Ziel, denn ich esse schließlich sehr gerne. Gut essen und dabei schlank werden oder bleiben, ist mein Motto.

Probieren Sie es einfach aus, denn das Empfinden kann bei Ihnen ganz anders sein. Die Geschmäcker sind verschieden. Großer Vorteil der nassen Konjakprodukte ist auf jeden Fall die relativ einfache Verfügbarkeit und die kurzen Zubereitungszeiten.

Sie können Gerichte mit Konjaknudeln bzw. Konjakreis am nächsten Tag aufwärmen, falls es Reste gab, denn die vertragen das sehr gut. Im Kühlschrank können Sie auch eine angebrochene Packung mit der Flüssigkeit für bis zu drei Tage aufbewahren. Füllen Sie dazu den Rest des Produkts mit dem Wasser aus der Packung in einen verschließbaren Behälter um. Was leider nicht klappt, ist das Einfrieren von Konjaknudeln, denn durch den hohen Wassergehalt sind sie dafür nicht geeignet.

Die gekauften nassen Konjakprodukte haben in der Regel ein Mindesthaltbarkeitsdatum von etwa einem Jahr und müssen, solange die Plastikpackung nicht geöffnet wurde, nicht gekühlt aufbewahrt werden.

Preislich liegen die nassen Konjakprodukte je nach Hersteller und Packungsgröße bei einem Portionspreis von zwei bis drei Euro. In Asialäden sind sie manchmal sogar noch günstiger, wobei die Preise da stark schwanken. Sicher kein Schnäppchen, aber einfach zubereitet und gesund.

TIPP

In meinen Rezepten kommen getrocknete Konjakprodukte zum Einsatz, weil ich diese vom Geruch, Geschmack und der Konsistenz her lieber mag. Sie können stattdessen jedoch problemlos auf die nassen Konjakprodukte zurückgreifen und die Zubereitung entsprechend anpassen. Einfach nur die Kochzeit verkürzen oder die Produkte im Gericht erwärmen.

Konjaknudeln und Konjakreis, in der trockenen Variante

Seit Ende 2017 gibt es auf dem deutschen Markt auch trockene Konjaknudeln und trockenen Konjakreis. Die betreffenden Produkte sind aktuell nur über das Internet bei wenigen spezialisierten Shops zu kaufen. Bezugsquellenhinweise finden Sie am Ende des Buches.

Vorteil der trockenen Produkte ist klar, dass die etwas unangenehme fischige Brühe nicht mehr vorhanden ist und das unerfreuliche Abspülen damit entfällt. Dazu ist der Anteil an Konjak bei den getrockneten Produkten meist höher als bei den nassen Artikeln. Sie haben dadurch in der Regel gesichert mehr Glucomannan pro Portion auf dem Teller, als es die EU-Verordnung als Mindesterfordernis angibt.

Neben dem Konjakmehl und dem Festigungsmittel Calciumhydroxid finden sich in den trockenen Konjakprodukten zusätzlich Tapiokastärke, -sirup und Zitronensäure, was im Ergebnis dazu führen kann, dass der Kohlenhydratanteil im Vergleich zu den nassen Konjakprodukten höher ist.

Aufgrund des gesteigerten Ballaststoffanteils und des höheren Kohlenhydratgehaltes in den trockenen Konjakprodukten nimmt automatisch die Kalorienzahl zu. Ich hatte Ihnen ja bereits erläutert, dass der Ballaststoffanteil innerhalb der EU pauschal mit 2 Kalorien pro Gramm berücksichtigt wird. Wir bewegen uns da bei den trockenen Konjakprodukten bei einer Kalorienzufuhr pro Portion von etwa 50 bis 150 Kalorien, die je nach Händler und Produkt unterschiedlich sein können. Die genauen Angaben, finden Sie jeweils auf den Internetseiten der einzelnen Anbieter. Es lohnt sich, wegen der vorhandenen Produktunterschiede einen Blick auf die genauen Nährwertangaben zu werfen und so die für sich passenden Produkte auszuwählen.

Die Kochanleitung für die trockenen Konjakprodukte:

Die Zubereitung ist simpel, denn die getrockneten Konjaknudeln werden einfach für 10 Minuten in ausreichend Wasser gegart und dann durch ein Sieb abgegossen. Der getrocknete Konjakreis kocht ebenfalls 10 Minuten und zieht dann vor dem Abgießen weitere 10 Minuten in der heißen Flüssigkeit im Topf nach. Beide Produkte nach dem Abgießen mit heißem Wasser abspülen und das Wasser im Sieb kräftig abschütteln.

Es gibt außerdem Anbieter, deren trockene Konjaknudeln bereits nach 5 Minuten Kochzeit fertig sind. Bitte unbedingt immer zusätzlich die Packungsbeschreibung lesen und die Zubereitungsempfehlungen in den Rezepten dann entsprechend anpassen.

Eine direkte Anwendung, ohne Vorkochen, funktioniert ebenfalls, nur ist dann der Kohlenhydrat- und Kaloriengehalt höher, da ein Teil der Tapiokastärke, -des sirups in der Mahlzeit verbleibt und nicht beim Kochprozess mit dem Wasser ausgeschwemmt wird.

Die trockenen Nudeln bzw. der Reis haben auch nach dem Kochen in reichlich Wasser keinen so hohen Wassergehalt, wie ihn die nassen Konjakprodukte haben. Dadurch sind sie weniger prall, nicht so gummiartig und nehmen im Gegenzug Soßen und Geschmack wesentlich besser auf.

Ein weiterer Vorteil ist die längere Haltbarkeit, denn die getrockneten Konjakprodukte lassen sich bis zu zwei Jahre lagern. Da die Packungsgrößen wesentlich kompakter sind, können dazu mehr Portionen auf kleinem Raum untergebracht werden. Gerade wenn der Platz zur Vorratshaltung begrenzt ist, stellt das ein nicht unerhebliches Plus dar.

Preislich liegen die getrockneten Produkte je nach Anbieter im Bereich von 2,50 bis vier Euro pro Portion und damit teilweise etwas höher als die nassen Produkte.

Wenn Sie sich schon einmal an der Konsistenz und/oder dem Geruch der Flüssigkeit der nassen Konjakprodukte gestört haben, sind trockene Konjaknudeln oder -reis durchaus einen erneuten Versuch wert.

Falls Sie mit den nassen Konjakprodukten happy sind, dann können Sie in meinen Rezepten jederzeit auf die nassen Konjaknudeln bzw. den -reis ausweichen und müssen dazu nur die Zubereitung leicht anpassen.

Oder Sie stellen zukünftig Ihre Konjaknudeln einfach selbst her, denn das ist nicht so schwierig, wie es vielleicht auf den ersten Blick aussieht.

Konjaknudeln und Konjakreis selbst machen

Wenn Sie eigentlich von Konjak total begeistert sind, der Preis der fertigen Konjakspezialitäten Sie jedoch abschreckt, dann gibt es die Möglichkeit, Shirataki-Nudeln, also Konjaknudeln, relativ einfach selbst zu machen.

Für 4 Portionen:

800 ml Wasser
5 TL (20 g) Konjakmehl
¼ TL (1 g) Calciumhydroxid in Lebensmittelqualität

TIPP

Sie möchten doch lieber Konjakreis? Dann müssen Sie die selbst gemachten Shirataki nach dem Kochen nur noch mit dem Messer in kurze Stücke hacken, schon haben Sie einen preisgünstig selbst hergestellten Konjakreis.

1. 700 ml kaltes Wasser in einen Topf geben und Konjakmehl mit einem Schneebesen einrühren. Die Flüssigkeit dickt sofort an und ähnelt von der Konsistenz her einem dicken Kleister.
2. Den Topf auf den Herd stellen und Masse unter Rühren erhitzen, bis sie zu köcheln beginnt. Nun den Topf von der heißen Platte nehmen und Masse 10 Minuten abkühlen lassen. Dabei immer wieder umrühren.
3. In der Zwischenzeit das Calciumhydroxid mit 100 ml Wasser anrühren. Diese Mischung anschließend mit einem Schneebesen in den Konjakbrei rühren. Das muss sehr intensiv und sorgfältig passieren. Also schwingen Sie den Arm und setzen Sie etwas Energie ein. Alles muss sich gut verbinden, was einige Minuten in Anspruch nimmt. Das untergerührte Calciumhydroxid verhindert, dass sich das wasserlösliche Glucomannan später in Nudelform auflöst, und die Nudeln bleiben dadurch in ihrer Form.
4. Den kompakten Brei nun in eine Schüssel geben und 2 Stunden im Kühlschrank kühlen. Anschließend aus der Schüssel stürzen und in passend große Stücke für die Weiterverarbeitung schneiden.
5. Sie können die gefestigte Konjakmasse durch eine Nudelfee oder wie ich durch eine Kartoffelpresse in einen großen Topf mit kochendem Wasser drücken. Nun noch 20 Minuten kochen lassen. Anschließend in einem Sieb abgießen und noch mal mit klarem heißem Wasser nachspülen.

Je nachdem, mit welchem Zubehör Sie arbeiten, können Sie sich die Kühlung zwischendurch unter Umständen auch sparen. Wenn Sie wie ich die Shirataki mit der Kartoffelpresse herstellen, dann ist der Teig gekühlt in kompakten Gelblöcken leichter zu verarbeiten und klebt beim Durchdrücken weniger stark zusammen.

Shirataki in größeren Mengen selbst machen

Natürlich ist der Aufwand nur für zwei oder vier Portionen relativ hoch, daher bietet es sich an, gleich die doppelte oder dreifache Menge herzustellen.

Für die Vorratshaltung können die Konjaknudeln portionsweise in fest verschließbare Sturzgläser gefüllt werden. Dazu die heißen Nudeln aus dem Kochtopf direkt ins Aufbewahrungsglas geben, dieses dann mit der heißen Kochflüssigkeit auffüllen und sofort verschließen. So konserviert lassen sich die Shirataki-Nudeln im Kühlschrank etwa zwei Wochen aufbewahren.

Vor dem Verzehr der »eingeweckten« Shirataki diese wie gekaufte, nasse Konjaknudeln zubereiten: Abgießen, Spülen, Kochen und Genießen.

Von der Konsistenz gleichen die selbst gemachten Konjaknudeln eher den gekauften nassen Nudeln, sind also etwas bissiger in der Struktur, als es die trockenen Konjaknudeln in verzehrfähigem Zustand sind.

Der etwas unangenehme Geruch, den ich Ihnen bereits bei den nassen Konjakprodukten beschrieben habe, begleitet Sie übrigens auch durch den Herstellungsprozess der Shirataki. Es handelt sich hierbei um den produktspezifischen natürlichen Geruch der Konjakwurzel. Zu Ihrer Beruhigung sei gesagt, dass dieser gewöhnungsbedürftige Duft sich nicht im Endergebnis geschmacklich auf dem Teller wiederfindet.

Konjaknudeln, auch die selbst gemachten, haben von Haus aus keinen Eigengeschmack, sondern brauchen immer eine Umgebung, deren Geschmack sie annehmen können. Richtig lecker werden Konjaknudeln also erst, wenn Sie in geschmackvoller Soße baden.

Unschlagbar ist der Preis der Home-Made-Variante. Unter Berücksichtigung der Zutaten, des eingesetzten Wassers und der elektrischen Energie kommen pro Portion nur etwa 34 Cent auf Sie zu.

Ein echtes Argument, um sich an den Herd zu stellen und Shirataki selbst zu machen. Finden Sie nicht?

Ich hoffe, ich konnte Sie mit all dem auf den Geschmack bringen und Sie haben nun richtig Lust auf das Abenteuer Konjak auf dem Teller.

Nun also genug der Theorie, jetzt wird es konjaklecker!

55 Schlemmerrezepte für eine schlanke Linie

Wie wäre es beispielsweise zum Start in den Tag mit einem traumhaften Kokos-Schoko-Konjak-Pudding (siehe Seite 40)? In der Mittagspause empfehle ich Ihnen den Fruchtigen Garnelen-Konjakreis-Salat (siehe Seite 95), perfekt zum Mitnehmen für Berufstätige. Genießen Sie dann noch als Abendessen den unglaublich leckeren Süßkartoffelauflauf (siehe Seite 82), bei dem sich die Konjakwurzel unauffällig in der Tomatensoße versteckt hat.

Schlank sein und schlemmen passen doch zusammen. Guten Appetit!

Information zu den Nährwertangaben:

Bitte berücksichtigen Sie, dass die Nährwerte auf Basis der von mir im Rezept tatsächlich verwendeten Produkte berechnet wurden. Abweichungen und Fehler sind trotz aller Sorgfalt nicht ausgeschlossen. Es handelt sich bei der Konjakwurzel um ein Naturprodukt, deren Erzeugnisse, die von verschiedenen Anbietern in unterschiedlicher Form angeboten werden, natürlichen und herstellungsbedingten Schwankungen unterliegen.

Ballaststoffe sind wertvoll und wichtig für Ihre Gesundheit. Sie wirken sich günstig auf den Stoffwechsel aus, helfen, schlank zu werden oder zu bleiben, reduzieren das Risiko für Herz-Kreislauf-Erkrankungen, Diabetes Typ 2, Magen-Darm-Erkrankungen und vieles mehr. Die Deutsche Gesellschaft für Ernährung empfiehlt Erwachsenen, mindestens 30 g Ballaststoffe pro Tag zu sich zu nehmen. Mit dem Verzehr von Konjak können Sie regelmäßig einen Teil des persönlichen Ballaststoffbedarfs abdecken. Kombinieren Sie Glucomannan stets mit einer Vielzahl von verschiedenen löslichen und nicht löslichen Ballaststoffen, die Sie in meinen Rezepten in Form von reichlich Gemüse, Hülsenfrüchte, Haferkleie und Nüssen finden werden

Konjakstart in den Tag

Zehn köstliche Frühstücke – für jeden Geschmack und immer mit ausreichend Glucomannan. Egal ob Sie süß oder herzhaft in den Tag starten wollen, fruchtig oder schokoladig, Sie finden sicher das passende Rezept.

Und so ein Milchreis oder Pudding schmeckt übrigens auch dann, wenn der kleine Hunger zu einer anderen Tageszeit anklopft.

Kokos-Schoko-Konjak-Pudding

Für 1 Portion

NÄHRWERTE PRO PORTION:
KILOKALORIEN: 354, FETT: 25,7 G, KOHLENHYDRATE: 5,0 G, EIWEISS: 23,5 G

ZUTATEN

- 25 g Eiweißpulver Schokolade oder Vanille
- 1 TL Kakaopulver
- 1 TL Stevia-Streusüße mit Erythrit
- ¾ TL Konjakmehl (3 g)
- 100 ml Kokosmilch
- 125 ml Wasser
- 1 TL Kokosflocken
- 1 TL Kakao-Nibs

1. Eiweißpulver, Kakao, Stevia und Konjakmehl in einer Schüssel vermischen.
2. Die Kokosmilch und das Wasser in einen Topf füllen und zum Kochen bringen. Die trockenen Zutaten aus der Schüssel mit einem Schneebesen einrühren. Den Topf vom Herd nehmen und Pudding 2 Minuten quellen lassen.
3. Den Schokopudding in ein Schälchen füllen und mit Kokosflocken und Kakao-Nibs bestreuen. Sofort warm oder auch kalt genießen.

TIPP

Die Kakao-Nibs können Sie durch gehackte Bitterschokolade ersetzen.

Dickmilch-Chia-Fruchtschale

Für 1 Portion

NÄHRWERTE PRO PORTION:
KILOKALORIEN: 391, FETT: 23,1 G, KOHLENHYDRATE: 23,2 G, EIWEISS: 14,2 G

ZUTATEN

150 g frisches Obst, je nach Saison
15 g Walnusskerne
250 ml Dickmilch
2 TL Stevia-Streupulver mit Erythrit
½ TL Konjakmehl (2 g)
2 TL Chia-Samen

1. Das Obst putzen, waschen und in kleine Stücke schneiden. Die Walnüsse grob hacken.
2. Dickmilch in eine Schüssel geben. Das Stevia-Streupulver und das Konjakmehl mit dem Schneebesen in die Dickmilch rühren. Dann das Obst, die Chia-Samen und die Walnüsse untermischen.

TIPP

Sie können die Dickmilch durch Buttermilch ersetzen.

Herzhafter Konjak-Ofenpfannkuchen

Für 1 Portion

NÄHRWERTE PRO PORTION:
KILOKALORIEN: 421, FETT: 29,8 G, KOHLENHYDRATE: 13,9 G, EIWEISS: 21,8 G

ZUTATEN

- 2 Eier, Größe L
- 100 g Joghurt, 3,5 % Fett
- ½ TL Zwiebelgranulat
- ½ TL rosenscharfes Paprikapulver
- ½ TL getrockneter Oregano
- ½ TL Currypulver
- Salz und Pfeffer
- 40 g Avocado-Fruchtfleisch
- 75 g rote Paprika
- 1 TL Olivenöl
- ½ TL Konjakmehl (2 g)

1. Den Backofen auf 175 °C Umluft vorheizen.
2. Die Eier mit dem Joghurt, den Gewürzen und Salz und Pfeffer in einer Schüssel verquirlen.
3. Die Avocado schälen und 40 g Fruchtfleisch würfeln. Die Paprika putzen, waschen und ebenfalls würfeln.
4. Das Olivenöl in einer ofenfesten Pfanne mit einem Pinsel verteilen und dann auf dem Herd erhitzen. Das Konjakmehl mit einem Schneebesen in die Ei-Mischung einrühren und die Masse anschließend in die heiße Pfanne gießen.
5. Avocado- und Paprikawürfel über dem Teig verteilen. Die Pfanne 10 Minuten in den heißen Backofen stellen.

TIPP

Sie können den Belag nach Geschmack variieren, zum Beispiel Tomate, Zucchini, Zwiebel, Nüsse oder Käse verwenden oder das Ei mit Pesto verrühren.

STARS IN LOVE

Konjak-Mango-Lassi

Für 1 Portion

NÄHRWERTE PRO PORTION:
KILOKALORIEN: 282, FETT: 15,0 G, KOHLENHYDRATE: 28,6 G, EIWEISS: 8,9 G

ZUTATEN

- 150 g Joghurt, 3,5 % Fett
- 125 ml Wasser
- 50 ml Kokosmilch
- 25 ml Limettensaft
- 75 g ungezuckerte TK-Mango
- ½ TL Konjakmehl (2 g)
- ¼ TL gemahlene Kurkuma
- 1 Prise schwarzer Pfeffer
- 2 TL Stevia-Streupulver mit Erythrit

Alle Zutaten in einen Standmixer geben, cremig rühren und sofort genießen.

TIPP

Das Piperin im schwarzen Pfeffer steigert die Verwertbarkeit der Kurkumas.

Schokoladen-Milchreis mit Himbeeren

Für 1 Portion

NÄHRWERTE PRO PORTION:
KILOKALORIEN: 399, FETT: 26,3 G, KOHLENHYDRATE: 12,1 G, EIWEISS: 4,4 G

ZUTATEN

- 50 g trockener Konjakreis
- 50 ml Sahne
- 20 g Schokolade, 85 % Kakaoanteil
- 1 Msp gemahlene Bourbon-Vanille
- 1 Prise Salz
- 1–2 TL Stevia-Streupulver mit Erythrit
- 100 g frische Himbeeren

1. Einen Topf mit Wasser füllen und zum Kochen bringen. Den trockenen Konjakreis ins Wasser geben und 10 Minuten kochen lassen. Dann die Herdplatte ausschalten und den Reis weitere 10 Minuten im heißen Wasser ziehen lassen. Anschließend in einem Sieb abgießen und mit heißem Wasser abspülen. Das Wasser gut abschütteln, damit der Konjakreis nicht zu nass ist.
2. Den warmen Konjakreis wieder in den Kochtopf geben und die Sahne unterrühren. Dann die Schokolade im Milchreis schmelzen lassen und die Vanille, das Salz und das Stevia-Streupulver untermischen.
3. Bei Bedarf den Milchreis noch etwas stärker erhitzen oder abkühlen lassen für den kalten Verzehr.
4. Die Himbeeren verlesen und vorsichtig waschen. Den Milchreis in ein Schälchen füllen und mit den Himbeeren bestreuen.

TIPP

Mit zuckerfreier weißer Schokolade wird ein heller Milchreis zum Niederknien daraus.

Curry-Frühstückssuppe

Für 1 Portion

NÄHRWERTE PRO PORTION:
KILOKALORIEN: 351, FETT: 20,6 G, KOHLENHYDRATE: 18,3 G, EIWEISS: 22,6 G

ZUTATEN

- 350 ml Gemüsebrühe
- 100 ml Kokosmilch
- 1 TL Currypulver
- 1 TL helle Sojasoße
- 1 TL Fischsoße
- 50 g Karotte
- 50 g Apfel
- ½ TL Konjakmehl (2 g)
- 2 Frühlingszwiebeln
- ½ rote Chilischote
- 1–2 cm frischer Ingwer
- 100 g Partygarnelen
- Salz und Pfeffer

1. Die Gemüsebrühe mit der Kokosmilch in einem Topf erhitzen und Currypulver, Sojasoße und Fischsoße unterrühren.
2. Karotte und Apfel putzen, waschen und grob raspeln. In die Suppe geben und 3–4 Minuten kochen lassen.
3. Das Konjakmehl mit dem Schneebesen unterrühren.
4. Frühlingszwiebeln und Chilischote putzen, waschen und in Ringe schneiden. Ingwer schälen und reiben. Zwiebeln, Chili und Ingwer mit den Partygarnelen in die heiße Suppe rühren. Mit Salz und Pfeffer abschmecken.

TIPP

Die Suppe schmeckt nicht nur zum Frühstück gut.

Hafer-Konjak-Porridge mit Nussknusper

Für 1 Portion

NÄHRWERTE PRO PORTION:
KILOKALORIEN: 411, FETT: 23,6 G, KOHLENHYDRATE: 30,6 G, EIWEISS: 14,9 G

ZUTATEN

Für das Nussknusper:

15 g grob gehackte Nüsse (Haselnüsse, Pekannüsse, Mandeln etc.)
1 TL Stevia-Streupulver mit Erythrit

Für den Porridge:

35 g Haferkleie
1 Msp gemahlene Bourbon-Vanille
2–3 TL Stevia-Streupulver mit Erythrit
½ TL Konjakmehl (2 g)
200 ml Milch, 3,5 % Fett
150 ml Wasser
25 ml Kokosmilch

1. Die Nüsse in einer Pfanne ohne Fett goldgelb rösten und zum Schluss das Stevia-Streupulver hineingeben und untermischen. Nüsse abkühlen lassen und dabei immer wieder durchmischen, damit die Stücke nicht zusammenkleben.
2. Die Haferkleie, die Vanille, das Stevia-Streupulver und das Konjakmehl in einer Schüssel vermengen.
3. Milch, Wasser und Kokosmilch in einem Topf zum Kochen bringen. Den Topf dann vom Herd nehmen und mit einem Schneebesen die trockenen Zutaten unterrühren. Porridge einige Minuten quellen lassen. Falls er zu dick wird, etwas heißes Wasser einrühren.
4. Porridge in eine Schüssel füllen und mit den gerösteten Nüssen bestreuen.

TIPP

Das Nussknusper gleich in größerer Menge zubereiten. Es hält sich in einer Keksdose problemlos für mehrere Wochen.

Fruchtiger Kokos-Milchreis

Für 1 Portion

NÄHRWERTE PRO PORTION:
KILOKALORIEN: 257, FETT: 10,2 G, KOHLENHYDRATE: 18,3 G, EIWEISS: 2,0 G

ZUTATEN

- 50 g trockener Konjakreis
- 75 g Apfel
- 75 g TK-Himbeeren
- 50 ml Kokosmilch
- 1 Msp Abrieb einer Bio-Zitrone
- 1 Prise Salz
- 1–2 TL Stevia-Streupulver mit Erythrit

1. Einen Topf mit Wasser füllen und zum Kochen bringen. Den trockenen Konjakreis ins Wasser geben und 10 Minuten kochen lassen. Dann die Herdplatte ausschalten und den Reis weitere 10 Minuten im heißen Wasser ziehen lassen. Anschließend in einem Sieb abgießen und mit heißem Wasser abspülen. Das Wasser gut abschütteln, damit der Konjakreis nicht zu nass bleibt.
2. Den Apfel waschen, entkernen und raspeln. Mit den gefrorenen Himbeeren und in einen kleinen Topf geben und aufkochen lassen. 10 Minuten ohne Deckel köcheln und dabei immer wieder rühren.
3. Den abgetropften Konjakreis unter das heiße Obst mischen und die Kokosmilch, den Zitronenabrieb, das Salz und das Stevia-Streupulver unterrühren.

TIPP

Mit frischen kleingeschnittenen Erdbeeren zubereitet ein Saison-Highlight.

Espresso-Schoko-Mandel-Milchshake

Für 1 Portion

NÄHRWERTE PRO PORTION:
KILOKALORIEN: 295, FETT: 25,3 G, KOHLENHYDRATE: 3,0 G, EIWEISS: 10,6 G

ZUTATEN

- 200 ml Wasser
- 2 kalte Espressi, etwa 120 ml
- 40 g Mandelmus
- 2 TL Kakaopulver
- 2 TL Stevia-Streupulver mit Erythrit
- ½ TL Konjakmehl (2 g)

Alle Zutaten in einen Standmixer geben und gut vermischen. Sofort genießen.

TIPP

Haselnussfans greifen zu Haselnussmus.

Kräuter-Erbsen-Karotten-Porridge

Für 1 Portion

NÄHRWERTE PRO PORTION:
KILOKALORIEN: 293, FETT: 12,4 G, KOHLENHYDRATE: 30,5 G, EIWEISS: 10,0 G

ZUTATEN

375 ml Gemüsebrühe
50 g TK-Erbsen
50 g Karotte
30 ml Sahne
½ TL Dijon-Senf
35 g Haferkleie
1 TL Petersilie, gehackt
1 TL Dill, gehackt
½ TL Konjakmehl (2 g)
Salz und Pfeffer

1. Die Gemüsebrühe in einem Topf aufkochen lassen und die TK-Erbsen darin 3–4 Minuten kochen. Anschließend die Erbsen in der Brühe mit dem Stabmixer fein pürieren.
2. Die Karotte putzen, waschen und raspeln. In den Topf geben und 2 Minuten köcheln lassen.
3. Sahne, Senf und Haferkleie mit einem Schneebesen einrühren, die Herdplatte ausschalten und den Porridge 3–4 Minuten ziehen lassen.
4. Die Kräuter in den Porridge geben und das Konjakmehl mit dem Schneebesen einrühren. Den Porridge mit Salz und Pfeffer abschmecken.

TIPP

Popeye würde statt Erbsen TK-Blattspinat nehmen.

Suppen und Topfgerichte, die sattmachen

Gleich vorneweg: Wenn Konjakmehl zur Bindung von Suppen und Soßen eingesetzt wird, kann die Suppe schnell zu dick werden. Da machen minimale Schwankungen bei der Menge an Konjakmehl schon einen Unterschied zwischen Suppe und Brei.

Aber bitte nicht erschrecken oder verzweifeln, denn mit etwas heißem Wasser oder Brühe lässt sich jede Suppe zu der für den eigenen Geschmack gewünschten Konsistenz verdünnen. Und wer gerne dicke, cremige Suppen mag, hat mit der Konjakwurzel den perfekten Sparringspartner gefunden und wird die angenehme Bindung auf dem Gaumen lieben.

Kohlsuppe Konjak-loaded

Für 2 Portionen

NÄHRWERTE PRO PORTION:
KILOKALORIEN: 340, FETT: 15,3 G, KOHLENHYDRATE: 28,4 G, EIWEISS: 15,4 G

ZUTATEN

- 50 g rote Zwiebel
- 1 Knoblauchzehe
- 1 EL Olivenöl
- 300 g Spitzkohl
- 200 g Kirschtomaten
- 100 g TK-Prinzessbohnen
- 900 ml Gemüsebrühe
- 3 EL zuckerfreier Ketchup
- 1 TL rosenscharfes Paprikapulver
- 3 TL Basilikum-Pesto
- 250 g weiße Bohnen (Abtropfgewicht)
- 1 TL Konjakmehl (4 g)
- Salz und Pfeffer

1. Zwiebel und Knoblauch schälen und fein hacken. Öl in einem größeren Suppentopf erhitzen und die Zwiebelwürfel darin glasig dünsten. Den Knoblauch zufügen und kurz anschwitzen.
2. Den Spitzkohl waschen und in Streifen schneiden. Die Tomaten waschen und vierteln. Beides mit den gefrorenen Bohnen in den Topf geben und kurz braten. Nach 1–2 Minuten mit der Gemüsebrühe ablöschen und die Suppe 10 Minuten köcheln lassen.
3. Den Ketchup, das Paprikapulver und das Basilikum-Pesto untermischen.
4. Die weißen Bohnen aus der Dose in ein Küchensieb gießen, abspülen und abtropfen lassen. Dann in die Suppe geben und unterrühren.
5. Das Konjakmehl mit dem Schneebesen einrühren. Die Suppe mit Salz und Pfeffer abschmecken.

TIPP

Kaufen Sie nur fertiges Pesto auf Basis von Olivenöl.

Curryreistopf

Für 2 Portionen

NÄHRWERTE PRO PORTION:
KILOKALORIEN: 505, FETT: 13,4 G, KOHLENHYDRATE: 40,2 G, EIWEISS: 32,6 G

ZUTATEN

50 g Zwiebel
2 TL Kokosöl
200 g Putengulasch
1–2 cm frischer Ingwer
2 TL gelbe Currypaste
½ TL Sambal Oelek
850 ml Gemüsebrühe
100 g trockener Konjakreis
250 g Süßkartoffel
150 g Karotte
100 g TK-Erbsen
1 EL Mandelmus
¼ TL Konjakmehl (1 g)
Salz und Pfeffer

1. Zwiebel schälen und hacken. Einen Topf mit dem Kokosöl erhitzen und die Zwiebelwürfel darin glasig dünsten. Danach das Putengulasch zufügen und anbraten. Nun den Ingwer schälen, hacken und mit der Currypaste und dem Sambal Oelek dazugeben und untermischen. Das Gulasch im Topf mit der Gemüsebrühe ablöschen und 45 Minuten köcheln lassen.
2. Wasser in einen Topf füllen und zum Kochen bringen. Den trockenen Konjakreis ins Wasser geben und 10 Minuten kochen lassen. Dann die Herdplatte ausschalten und den Reis weitere 10 Minuten im heißen Wasser ziehen lassen. Anschließend in einem Sieb abgießen und mit heißem Wasser abspülen. Das Wasser gut abschütteln, damit der Konjakreis nicht zu nass bleibt.
3. Süßkartoffel und Karotte putzen, schälen und würfeln. Das gewürfelte Gemüse und die TK-Erbsen in den Topf zum Gulasch geben und alles weitere 10 Minuten kochen.
4. Zum Schluss noch das Mandelmus unterrühren, den vorgekochten Konjakreis zufügen und das Konjakmehl zur Bindung mit einem Schneebesen einrühren. Anschließend den Currytopf mit Salz und Pfeffer abschmecken.

TIPP

Statt Süßkartoffel können Sie im Herbst leckeren Butternut-Kürbis nehmen.

Karotten-Orangen-Suppe mit Nordseekrabben

Für 2 Portionen

NÄHRWERTE PRO PORTION:
KILOKALORIEN: 351, FETT: 16,0 G, KOHLENHYDRATE: 30,2 G, EIWEISS: 15,7 G

ZUTATEN

- 50 g Zwiebel
- 250 g Karotten
- 1 EL Olivenöl
- 550 ml Gemüsebrühe
- 250 ml Karottensaft
- 150 ml Orangensaft
- 1–2 cm frischer Ingwer
- ½ TL gemahlene Kurkuma
- 30 g Mandelmus
- 1 TL Konjakmehl (4 g)
- 3 TL Petersilie, gehackt
- 100 g Nordseekrabben
- Salz und Pfeffer

1. Zwiebel schälen und würfeln, Karotten putzen, waschen und ebenfalls würfeln. Das Olivenöl in einem Topf erhitzen und die Zwiebel darin glasig dünsten. Die Karotten zufügen und kurz anschwitzen. Mit Gemüsebrühe, Karottensaft und Orangensaft ablöschen. Suppe 10 Minuten köcheln lassen.
2. Ingwer schälen und reiben. Mit Kurkuma und Mandelmus in die Suppe geben. Das Konjakmehl mit dem Schneebesen unterrühren.
3. Die Suppe mit dem Stabmixer pürieren. Petersilie mit den Nordseekrabben in die Suppe rühren und alles mit Salz und Pfeffer abschmecken.

TIPP

Geräuchertes Forellenfilet harmoniert als Suppeneinlage ebenfalls wunderbar.

Thai-Tomaten-Basilikum-Suppe mit Mandelcrisp

Für 2 Portionen

NÄHRWERTE PRO PORTION:
KILOKALORIEN: 329, FETT: 22,4 G, KOHLENHYDRATE: 21,1 G, EIWEISS: 8,5 G

ZUTATEN

Für den Mandelcrisp:

25 g Mandelblättchen
½ TL Erythrit
1 Msp rosenscharfes Paprikapulver
1 Msp Currypulver
Salz und Pfeffer

Für die Suppe:

50 g Zwiebel
2 TL Kokosöl
½ TL rote Currypaste
500 ml passierte Tomaten
600 ml Gemüsebrühe
15 g Basilikumblätter
1–2 cm frischer Ingwer
100 ml Kokosmilch
1 TL Konjakmehl (4 g)
Salz und Pfeffer

1. Die Mandelblättchen in einer Pfanne ohne Fett kurz goldgelb rösten. Das Erythrit hinzufügen und schmelzen lassen. Die Pfanne von der heißen Platte nehmen und die Gewürze hinzufügen. Mit Salz und Pfeffer abschmecken und abkühlen lassen.
2. Die Zwiebel schälen und hacken. In einem Suppentopf das Kokosöl erhitzen und die Zwiebelwürfel darin glasig dünsten. Dann die Currypaste zufügen und ebenfalls kurz anschwitzen. Mit den passierten Tomaten und der Gemüsebrühe ablöschen. Suppe 10 Minuten köcheln lassen.
3. Basilikum waschen, trocken schütteln und hacken. Ingwer schälen und fein hacken. Beides mit der Kokosmilch in die Suppe geben. Das Konjakmehl mit dem Schneebesen unterrühren und zum Schluss alles mit dem Stabmixer pürieren.
4. Die Suppe mit Salz und Pfeffer abschmecken und in Suppenschalen mit den Mandelblättchen anrichten.

TIPP

Die pikant-süßen Mandelblättchen sind ein toller Ersatz für Chips.

Rahmspinatsuppe mit Räucherlachs

Für 2 Portionen

NÄHRWERTE PRO PORTION:
KILOKALORIEN: 418, FETT: 29,2 G, KOHLENHYDRATE: 6,4 G, EIWEISS: 30,1 G

ZUTATEN

850 ml Gemüsebrühe
1 TL Konjakmehl (4 g)
400 g gehackter TK-Spinat
85 g Frischkäse
50 g geriebener Cheddar
2 TL Zwiebelgranulat
1 Knoblauchzehe
1 TL Kapern
150 g Räucherlachs
Salz und Pfeffer

1. Gemüsebrühe in einem Topf erwärmen und das Konjakmehl mit einem Schneebesen einrühren.
2. Den TK-Spinat dazugeben und alles kurz aufkochen lassen. Anschließend den Frischkäse, den Cheddar und das Zwiebelgranulat einrühren. Den Knoblauch schälen und durch eine Knoblauchpresse drücken und die Kapern hacken. Beides zur Suppe geben und gut unterrühren.
3. Nun noch den Räucherlachs in Streifen schneiden und in der Suppe erwärmen. Anschließend die Suppe mit Salz und Pfeffer abschmecken.

TIPP

Statt Zwiebelgranulat zu verwenden, können Sie frische Zwiebel schälen, hacken und in Olivenöl anbraten.

Orient-Kürbissuppe mit Hähnchen

Für 2 Portionen

NÄHRWERTE PRO PORTION:
KILOKALORIEN: 431, FETT: 23,9 G, KOHLENHYDRATE: 20,9 G, EIWEISS: 29,4 G

ZUTATEN

Für die Hähnchenstreifen:

200 g Hähnchenbrustfilet
1 TL Harissa-Würzpaste
1 EL Olivenöl

Für die Kürbissuppe:

50 g Zwiebel
1 Knoblauchzehe
300 g Butternut-Kürbis
1 EL Olivenöl
950 ml Gemüsebrühe
2 TL Limettensaft
2 TL Harissa-Würzpaste
40 g Frühlingszwiebel
30 g Mandelmus
1 TL Konjakmehl (4 g)
Salz und Pfeffer

1. Das Hähnchenbrustfilet in Streifen schneiden und in einer Schüssel gründlich mit der Harissapaste vermischen, sodass das Fleisch gut damit überzogen ist. Mehrere Stunden im Kühlschrank ziehen lassen.
2. Zwiebel und Knoblauch schälen und fein hacken. Kürbis waschen, entkernen und Fruchtfleisch grob raspeln. In einem großen Topf das Olivenöl für die Suppe erhitzen und die Zwiebel darin glasig dünsten. Kurz den Knoblauch dazugeben. Dann die Kürbisraspel zufügen und kurz mitbraten. Nun die Gemüsebrühe, den Zitronensaft und die Harissapaste zufügen. Suppe 15 Minuten köcheln lassen.
3. Währenddessen die Frühlingszwiebel putzen, waschen und in Ringe schneiden.
4. Nach Ende der Garzeit das Mandelmus in die Suppe geben und danach noch mit einem Schneebesen das Konjakmehl einrühren. Die Suppe mit Salz und Pfeffer abschmecken und die Frühlingszwiebelringe untermischen.
5. In einer Pfanne das restliche Olivenöl erhitzen und die Hähnchenstreifen 4–5 Minuten braten. Anschließend die Suppe in Schalen füllen und die gebratenen Hähnchenstreifen auf der Suppe verteilen.

TIPP

Noch eine Chilischote dazu und die Suppe wird feurig scharf.

Kalte Gemüsesuppe mit Cashews

Für 2 Portionen

NÄHRWERTE PRO PORTION:
KILOKALORIEN: 279, FETT: 19,5 G, KOHLENHYDRATE: 16,1 G, EIWEISS: 6,2 G

ZUTATEN

- 1 größere Salatgurke
- 100 g Avocado-Fruchtfleisch
- 2 TL frischer Rosmarin, gehackt
- 2 TL heller Balsamico-Essig
- 500 ml Gemüsesaft
- 250 ml Wasser
- 1 TL Konjakmehl (4 g)
- 30 g geröstete und gesalzene Cashewkerne
- Salz und Pfeffer

1. Die Salatgurke schälen, die Kerne entfernen und das Fruchtfleisch in Stücke schneiden. Das Avocado-Fruchtfleisch in Würfel schneiden.
2. Alle Zutaten, außer den Cashews, in den Mixer geben und fein pürieren. Suppe mit Salz und Pfeffer abschmecken und anschließend im Kühlschrank 2–3 Stunden kühlen.
3. Die Suppe in Suppenschalen füllen, die Cashews hacken und über die Suppe streuen.

TIPP

Gesalzene und geröstete Erdnüsse passen ebenfalls perfekt.

Hühnersuppe mit Konjakreis

Für 2 Portionen

NÄHRWERTE PRO PORTION:
KILOKALORIEN: 416, FETT: 11,2 G, KOHLENHYDRATE: 22,2 G, EIWEISS: 30,6 G

ZUTATEN

- 100 g trockener Konjakreis
- 250 g Hähnchenleber
- 50 g Zwiebel
- 250 g Kohlrabi
- 150 g Karotte
- 100 g Sellerie
- 150 g Lauch
- 2 TL Olivenöl
- 50 g TK-Erbsen
- 500 ml Hühnerknochenbrühe
- 300 ml Gemüsebrühe
- Salz und Pfeffer
- 2 EL Petersilie, gehackt

1. Wasser in einen Topf geben und zum Kochen bringen. Den trockenen Konjakreis hinzufügen und 10 Minuten kochen lassen. Dann die Herdplatte ausschalten und den Reis weitere 10 Minuten im heißen Wasser ziehen lassen. Anschließend in einem Sieb abgießen und mit heißem Wasser abspülen. Das Wasser gut abschütteln, damit der Konjakreis nicht zu nass ist.
2. Die Hähnchenleber putzen, mit Wasser abspülen und mit Küchenpapier trocken tupfen. Das frische Gemüse schälen bzw. waschen und putzen. Zwiebel fein hacken, Kohlrabi, Karotte und Sellerie würfeln, Lauch in Ringe schneiden.
3. Einen größeren Topf mit dem Olivenöl erwärmen und die Zwiebel darin glasig dünsten. Das vorbereitete Gemüse und die Erbsen zufügen und 1–2 Minuten braten. Mit der Hühnerknochen und der Gemüsebrühe ablöschen. Die Suppe mit dem Gemüse kurz aufkochen lassen.
4. Die Hähnchenleber in die Suppe geben und alles 10 Minuten, knapp vor dem Siedepunkt, ziehen lassen.
5. Zum Schluss den Konjakreis in die Suppe rühren und diese mit Salz und Pfeffer abschmecken. In Suppenschalen anrichten und mit der Petersilie bestreuen.

TIPP

Wer keine Leber mag, nimmt Hähnchengeschnetzeltes.

Warme Küche mit Fleisch und Fisch

Die basische Konjakwurzel passt perfekt zu säurebildendem Fleisch und Fisch. Da bleibt der Körper im Gleichgewicht. Dazu stellt Konjak einen guten Gegenpart zu den energiedichteren Zutaten.

Freuen Sie sich, Sie müssen nicht zu fettarmen Produkten greifen und dürfen auch eine stärkende Portion Fleisch und Fisch zu sich nehmen. Dank der schlanken Konjakwurzel gibt alles zusammen eine ausgewogene und vor allen Dingen leckere Mahlzeit.

Konjaknudeln Cosa Nostra

Für 2 Portionen

NÄHRWERTE PRO PORTION:
KILOKALORIEN: 503, FETT: 31,0 G, KOHLENHYDRATE: 13,9 G, EIWEISS: 29,5 G

ZUTATEN

150 g trockene Konjaknudeln
50 g rote Zwiebeln
1 Knoblauchzehe
2 Sardellen in Öl
150 g orange Paprika
250 g Kirschtomaten
225 g rohes Salsiccia-Wurstbrät
1 EL doppelt konzentriertes Tomatenmark
2 TL getrockneter Oregano
1 Msp Chilipulver
50 ml Sahne
30 g geriebener Parmesan
Salz und Pfeffer

1. Die Konjaknudeln in einem Topf mit kochendem Wasser 10 Minuten garen und dann in ein Küchensieb abgießen. Mit heißem Wasser abspülen und abtropfen lassen.
2. Zwiebeln und Knoblauch schälen und hacken, Sardellen abtropfen lassen und ebenfalls hacken. Paprika waschen, putzen und würfeln. Tomaten waschen und vierteln.
3. Das Wurstbrät ohne zusätzliches Fett in einem Topf krümelig anbraten. Die Zwiebel zufügen und im Bratfett mit dem Fleisch glasig dünsten. Dann Knoblauch und Sardellen hinzugeben und kurz mitbraten. Nun Paprika, Kirschtomaten, Tomatenmark, Oregano und Chilipulver zufügen. Alles 10 Minuten leicht köcheln lassen.
4. Die gekochten Konjaknudeln, die Sahne und den Parmesan untermischen. Zum Schluss noch die Nudelpfanne mit Salz und Pfeffer abschmecken.

TIPP

Sie können auch »normales« würziges Wurstbrät mit italienischen Kräutern in eine Art Salsiccia verwandeln.

Konjaksotto mit Ofengemüse und Hähnchen

Für 2 Portionen

NÄHRWERTE PRO PORTION:
KILOKALORIEN: 537, FETT: 21,6 G, KOHLENHYDRATE: 31,7 G, EIWEISS: 31,8 G

ZUTATEN

- 100 g trockener Konjakreis
- 200 g Süßkartoffel
- 150 g rote Paprika
- 200 g Hähnchenbrust
- 4 TL Olivenöl
- Salz und Pfeffer
- 50 g rote Zwiebel
- 75 ml Hühnerbrühe
- 1 TL getrockneter Thymian
- 2 EL scharfes Ajvar
- 1 EL Haselnussmus
- 30 g geriebener Manchego-Käse

1. Den Backofen auf 175 °C Umluft vorheizen.
2. Wasser in einen Topf geben und zum Kochen bringen. Den trockenen Konjakreis hinzufügen und 10 Minuten kochen lassen. Dann die Herdplatte ausschalten und den Reis weitere 10 Minuten im heißen Wasser ziehen lassen. Anschließend in einem Sieb abgießen und mit heißem Wasser abspülen. Das Wasser gut abschütteln, damit der Konjakreis nicht zu nass ist.
3. Während der Konjakreis kocht, die Süßkartoffel schälen, die Paprikaschote putzen und waschen und beides in mundgerechte Würfel schneiden. Die Hähnchenbrust in 1–2 cm große Stücke schneiden. Gemüse und Fleisch in eine große Ofenform füllen und mit 2 TL Olivenöl beträufeln und mit Salz und Pfeffer bestreuen. Die Form für 20 Minuten in den heißen Ofen stellen.
4. Die Zwiebel schälen und hacken. In einem Topf das restliche Olivenöl erhitzen und die Zwiebel darin glasig dünsten. Anschließend den Konjakreis untermischen.
5. Nun die Hühnerbrühe und den Thymian zufügen. Das Ajvar mit dem Haselnussmus in einem Schälchen verrühren und ebenfalls unter das Konjaksotto mischen. Den Manchego-Käse zufügen und schmelzen lassen.
6. Zum Schluss noch das geröstete Ofengemüse und die Hähnchenstücke unterheben und das Konjaksotto final mit Salz und Pfeffer abschmecken.

TIPP

Wer kein Haselnussmus mag, nimmt Mandelmus oder die Allzweckwaffe Frischkäse.

Lasagne mit Hähnchen-Spinat-Bolognese

Für 3 Portionen

NÄHRWERTE PRO PORTION:
KILOKALORIEN: 537, FETT: 26,8 G, KOHLENHYDRATE: 20,7 G, EIWEISS: 46,0 G

ZUTATEN

Für die Lasagneplatten:

15 g Konjakmehl
40 g Haferkleie
½ TL Salz
150 g Magerquark
100 ml Mineralwasser
2 Eier, Größe L

Für die Bolognese-Soße:

200 g TK-Blattspinat, aufgetaut
75 g rote Zwiebel
300 g Hähnchenbrust
1 EL Olivenöl
400 g gehackte Tomaten, aus der Dose
2 TL dunkler Balsamico-Essig
50 g Tomaten-Pesto
25 g Basilikum-Pesto
Salz und Pfeffer
60 g geriebener mittelalter Gouda

1. Den Backofen auf 175 °C Umluft vorheizen.
2. Die trockenen Zutaten für die Lasagneplatten in einer Schüssel mischen. Die nassen Zutaten in einer zweiten Schüssel verrühren. Anschließend die trockenen Zutaten esslöffelweise unter ständigem Rühren zufügen und alles so zu einem Teig verarbeiten. Dann den Teig auf einem mit Backpapier belegten Blech dünn verteilen. Das klappt gut mit einem Kuchenheber. Teig 10 Minuten im Ofen backen, dann die Lasagneplatte herausnehmen, umdrehen, kurz abdampfen lassen und nun das Backpapier vorsichtig abziehen. Die Teigplatte in 4 gleichgroße Teile schneiden.
3. Den TK-Blattspinat mit den Händen ausdrücken und so von überschüssigem Wasser befreien. Die Zwiebel schälen und fein hacken. Die Hähnchenbrust fein würfeln.
4. Für die Bolognese-Soße das Olivenöl in einem Topf erhitzen und die Zwiebelwürfel darin glasig dünsten. Dann das Hähnchenfleisch zufügen und so lange braten, bis keine rohen Stellen mehr zu sehen sind. Tomaten und Balsamico-Essig dazugeben und diese Mischung 10 Minuten bei geschlossenem Topfdeckel kochen lassen.
5. Beide Pestos und den Spinat einrühren und alles weitere 5 Minuten köcheln lassen. Die Bolognese-Soße noch würzig mit Salz und Pfeffer abschmecken.

6. In einer Auflaufform etwas von der Soße verteilen. Dann eine Lasagneplatte darauflegen. Darüber wieder Soße verteilen und so fortfahren, bis die Soße und die Lasagneplatten aufgebraucht sind. Obenauf soll ein dünner Rest Soße sein, der mit dem geriebenen Gouda bestreut wird.
7. Die Lasagne für 15 Minuten in den Ofen stellen.

TIPP

Die Lasagneplatten geben gefaltet auch einen prima Wrap ab.

Konjak-Bami-Goreng

Für 2 Portionen

NÄHRWERTE PRO PORTION:
KILOKALORIEN: 383, FETT: 11,8 G, KOHLENHYDRATE: 20,6 G, EIWEISS: 34,0 G

ZUTATEN

Für die Würzsoße:

1 Knoblauchzehe
1–2 cm frischer Ingwer
2 EL helle Sojasoße
1 TL dunkle Sojasoße
½ TL Sambal Oelek
1 TL Kokosblütensirup

Für das Bami-Goreng:

150 g trockene Konjaknudeln
250 g Hähnchenbrust
20 g Kokosöl
Salz und Pfeffer
100 g Zuckererbsenschoten
150 g rote Paprika
100 g Karotte
100 g rote Zwiebel

1. Knoblauch schälen und pressen, Ingwer schälen und reiben. Beides mit den restlichen Zutaten für die Würzsoße in einem Schälchen mischen.
2. Die Konjaknudeln in einem Topf mit kochendem Wasser 10 Minuten garen. Dann in ein Küchensieb abgießen, mit heißem Wasser abspülen und abtropfen lassen.
3. Hähnchenbrust in Streifen schneiden. In einem Topf oder Wok die Hälfte des Kokosöls erhitzen und die Hähnchenstreifen darin 3–5 Minuten durchbraten. Mit Salz und Pfeffer würzen und anschließend aus dem Topf nehmen.
4. Zuckererbsenschoten, Paprika und Karotte putzen und waschen. Zwiebel schälen. Paprika in Würfel, Karotte in Stifte und Zwiebel in Ringe schneiden. Den Rest des Kokosöls in den Topf geben und das geschnittene Gemüse darin 2–3 Minuten anbraten. Nun die vorgekochten Nudeln zufügen und 1–2 Minuten mitbraten.
5. Die vorbereitete Würzsoße in die Nudelpfanne gießen. Alles 2–3 Minuten unter Rühren braten und zum Schluss noch die Hähnchenstreifen untermischen. Das Bami Goreng mit Salz und Pfeffer abschmecken.

TIPP

Statt Hähnchenstreifen können Sie auch rohe, ungeschälte Garnelen in der Pfanne braten.

Risi-Bisi-Konjakreis-Pfanne

Für 2 Portionen

NÄHRWERTE PRO PORTION:
KILOKALORIEN: 409, FETT: 12,2 G, KOHLENHYDRATE: 17,0 G, EIWEISS: 35,6 G

ZUTATEN

100 g trockener Konjakreis
250 g Hähnchenbrust
4 TL Olivenöl
Salz und Pfeffer
50 g Zwiebel
150 g Kohlrabi
100 g Karotte
150 g Lauch
100 g TK-Erbsen
½ TL Currypulver
75 ml überwürzte Hühnerbrühe
2 TL Petersilie, gehackt

1. Wasser in einen Topf füllen und zum Kochen bringen. Den trockenen Konjakreis hinzugeben und 10 Minuten kochen lassen. Dann die Herdplatte ausschalten und den Reis weitere 10 Minuten im heißen Wasser ziehen lassen. Anschließend in einem Sieb abgießen und mit heißem Wasser abspülen. Das Wasser gut abschütteln, damit der Konjakreis nicht zu nass ist.
2. Die Hähnchenbrust in Streifen schneiden. In einem größeren Topf 2 Teelöffel Olivenöl erhitzen und die Hähnchenstreifen darin 3–5 Minuten braten. Salzen und pfeffern und dann aus dem Topf nehmen.
3. Das frische Gemüse putzen und schälen bzw. waschen. Zwiebel fein hacken, Kohlrabi und Karotte würfeln, Lauch in Ringe schneiden. Das restliche Olivenöl im Topf erhitzen und die Zwiebel darin glasig dünsten. Dann das geschnittene Gemüse und die Erbsen zufügen und 1–2 Minuten braten. Anschließend das Currypulver und die Hühnerbrühe unterrühren. Alles 5–6 Minuten mit geschlossenem Deckel köcheln lassen.
4. Nun den Konjakreis untermischen, die gebratenen Hähnchenstreifen in den Topf geben und erwärmen. Die Petersilie zum Schluss untermischen. Mit Salz und Pfeffer abschmecken.

TIPP

Im Herbst und Winter statt Kohlrabi Butternut-Kürbis oder Steckrübe verwenden.

Konjakreis-Paella

Für 3 Portionen

NÄHRWERTE PRO PORTION:
KILOKALORIEN: 395, FETT: 11,3 G, KOHLENHYDRATE: 14,2 G, EIWEISS: 34,8 G

ZUTATEN

- 150 g trockener Konjakreis
- 2 EL Olivenöl
- 150 g Garnelen, roh und geschält
- Salz und Pfeffer
- 300 g Hähnchenbrust
- 75 g Zwiebel
- 2 Knoblauchzehen
- 150 g rote Paprika
- 200 g TK-Prinzessbohnen
- 150 g TK-Erbsen
- 125 ml Hühnerbrühe
- ¼ TL Konjakmehl (1 g)
- 1 Portion gemahlener Safran
- ½ TL geräuchertes, scharfes Paprikapulver

1. Wasser in einen Topf füllen und zum Kochen bringen. Den trockenen Konjakreis dazugeben und 10 Minuten kochen lassen. Dann die Herdplatte ausschalten und den Reis weitere 10 Minuten im heißen Wasser ziehen lassen. Anschließend in einem Sieb abgießen und mit heißem Wasser abspülen. Das Wasser gut abschütteln, damit der Konjakreis nicht zu nass ist.
2. 1 Esslöffel Olivenöl in einer großen Pfanne mit hohem Rand erhitzen und die Garnelen darin 1–2 Minuten braten. Mit Salz und Pfeffer würzen und dann aus der Pfanne nehmen.
3. Die Hähnchenbrust in ca. 2 cm große Würfel schneiden. Das restliche Olivenöl in der Pfanne erhitzen und die Hähnchenstücke darin 7–8 Minuten braten. Anschließend ebenfalls aus der Pfanne nehmen.
4. Zwiebel und Knoblauch schälen und hacken. Paprika putzen, waschen und klein schneiden. Zwiebel im verbliebenen Fett in der Pfanne glasig dünsten, dann den Knoblauch untermischen. Paprika und TK-Gemüse zufügen und alles 5–6 Minuten braten.
5. Dann die Hühnerbrühe in einer Schüssel mit dem Konjakmehl, dem Safran und dem Paprikapulver mit einem Schneebesen verrühren. Den dicken Sud in die Gemüsepfanne rühren.
6. Als Nächstes den vorgekochten Konjakreis und die gebratenen Hähnchenstücke untermischen und alles 2–3 Minuten garen. Dabei immer wieder durchmischen. Zum Schluss noch die gebratenen Garnelen untermischen und die Paella mit Salz und Pfeffer abschmecken.

TIPP

Wer es gerne fischiger mag, nimmt statt Hähnchen Miesmuschelfleisch und/oder kleine Tintenfischringe.

Schlemmer-Nudelpfanne

Für 2 Portionen

NÄHRWERTE PRO PORTION:
KILOKALORIEN: 476, FETT: 30,5 G, KOHLENHYDRATE: 16,6 G, EIWEISS: 20,1 G

ZUTATEN

- 150 g trockene Konjaknudeln
- 50 g rote Zwiebel
- 125 g orange Paprika
- 100 g braune Champignons
- 250 g Kirschtomaten
- 1 EL Olivenöl
- 1 TL getrockneter Oregano
- 1 TL Erythrit
- 40 g Tomaten-Pesto
- 60 g Kräuterfrischkäse
- 150 g geräucherter Lachs
- Salz und Pfeffer

1. Die Konjaknudeln in einem Topf mit kochendem Wasser 10 Minuten garen. Dann in ein Küchensieb abgießen, mit heißem Wasser abspülen und abtropfen lassen.
2. Zwiebel schälen und hacken. Paprika putzen, waschen und würfeln. Champignons säubern, putzen und in Scheiben schneiden, Tomaten waschen und halbieren.
3. In einem größeren Topf das Olivenöl erhitzen und die Zwiebel darin glasig dünsten. Paprika, Champignons und Kirschtomaten mit dem Oregano und dem Erythrit dazugeben und 7–8 Minuten schmoren lassen.
4. Nun das Tomatenpesto und den Kräuterfrischkäse untermischen.
5. Als nächsten Schritt die gekochten Konjaknudeln hinzufügen. Den Räucherlachs in Streifen schneiden und ebenfalls unterheben, dann alles 2–3 Minuten erwärmen. Mit Salz und Pfeffer abschmecken.

TIPP

Den Räucherlachs immer vor dem finalen Abschmecken zufügen, denn der Lachs gibt Salz an das Essen ab.

Konjaknudeln mit Zwiebel-Thunfisch-Soße

Für 2 Portionen

NÄHRWERTE PRO PORTION:
KILOKALORIEN: 349, FETT: 18,9 G, KOHLENHYDRATE: 11,6 G, EIWEISS: 20,0 G

ZUTATEN

- 150 g trockene Konjaknudeln
- 130 g Thunfisch, in eigenem Saft, aus der Dose
- 100 g Silberzwiebeln, eingelegt, aus dem Glas
- 250 g Kirschtomaten
- 1 EL Olivenöl
- 1 EL doppelt konzentriertes Tomatenmark
- 75 g Kräuterfrischkäse
- Salz und Pfeffer

1. Die Konjaknudeln in einem Topf mit kochendem Wasser 10 Minuten garen. Dann in ein Küchensieb abgießen, mit heißem Wasser abspülen und abtropfen lassen.
2. Den Thunfisch in ein Küchensieb abtropfen lassen. Die Silberzwiebeln ebenfalls abtropfen lassen und anschließend mit einem Messer halbieren.
3. Die Tomaten waschen und vierteln. Das Olivenöl in einem Topf erhitzen und die Kirschtomaten darin 2–3 Minuten anbraten. Das Tomatenmark unterrühren und alles 5 Minuten köcheln lassen.
4. Den Kräuterfrischkäse, den Thunfisch und die Silberzwiebeln untermischen.
5. Zum Schluss noch die gekochten Nudeln unterheben und die Nudelpfanne mit Salz und Pfeffer abschmecken.

TIPP

Wer keine Silberzwiebeln zur Hand hat, nimmt gewürfelte Gewürzgurken aus dem Glas.

Konjaksotto Mare

Für 2 Portionen

NÄHRWERTE PRO PORTION:
KILOKALORIEN: 515, FETT: 26,1 G, KOHLENHYDRATE: 8,3 G, EIWEISS: 31,3 G

ZUTATEN

- 100 g trockener Konjakreis
- 50 g Zwiebel
- 4 TL Olivenöl
- 300 g kleine Brokkoliröschen
- 75 ml trockener Weißwein
- ½ TL Gemüsebrühepulver
- 50 g Crème fraîche
- 30 g geriebener Parmesan
- 250 g Trio di Mare (fertige TK-Mischung aus Lachswürfel, Kammmuscheln und Garnelen), aufgetaut
- Salz und Pfeffer

1. Wasser in einen Topf füllen und zum Kochen bringen. Den trockenen Konjakreis dazugeben und 10 Minuten kochen lassen. Dann die Herdplatte ausschalten und den Reis weitere 10 Minuten im heißen Wasser ziehen lassen. Anschließend in einem Sieb abgießen und mit heißem Wasser abspülen. Das Wasser gut abschütteln, damit der Konjakreis nicht zu nass ist.
2. Zwiebel schälen und fein hacken. 2 Teelöffel Olivenöl in einem Topf erhitzen und die Zwiebelwürfel darin glasig dünsten. Die gewaschenen Brokkoliröschen zufügen und 3–4 Minuten mitbraten.
3. Nun den Weißwein und das Gemüsebrühepulver in den Topf geben und alles 3–4 Minuten köcheln lassen.
4. Den gekochten Konjakreis zufügen. Anschließend die Crème fraîche und den Parmesan untermischen. Das Konjaksotto 2–3 Minuten auf der warmen Herdplatte ziehen lassen.
5. Das aufgetaute Trio di Mare mit Küchenpapier trocken tupfen. Eine Pfanne mit dem restlichen Olivenöl erhitzen und das Trio di Mare darin 2–3 Minuten braten, dann mit Salz und Pfeffer würzen.
6. Den Fisch unter das Konjaksotto heben und die Reispfanne mit Salz und Pfeffer abschmecken.

TIPP

Die Brokkoliröschen schön klein schneiden, sonst bleiben sie bei der kurzen Garzeit zu knackig.

Zitronen-Lachs-Konjaksotto

Für 2 Portionen

NÄHRWERTE PRO PORTION:
KILOKALORIEN: 521, FETT: 30,0 G, KOHLENHYDRATE: 14,4 G, EIWEISS: 24,1 G

ZUTATEN

- 100 g trockener Konjakreis
- 50 g Zwiebel
- 1 Knoblauchzehe
- 150 g Karotte
- 150 g Petersilienwurzel
- 4 TL Olivenöl
- 75 ml Gemüsebrühe
- 20 ml (4 TL) Zitronensaft
- ¼ TL Abrieb einer Bio-Zitrone
- 1 TL getrockneter Thymian
- 50 g Crème fraîche
- 30 g geriebener Parmesan
- 150 g Lachsfilet, ohne Haut
- Salz und Pfeffer

1. Wasser in einen Topf füllen und zum Kochen bringen. Den trockenen Konjakreis dazugeben und 10 Minuten kochen lassen. Dann die Herdplatte ausschalten und den Reis weitere 10 Minuten im heißen Wasser ziehen lassen. Anschließend in einem Sieb abgießen und mit heißem Wasser abspülen. Das Wasser gut abschütteln, damit der Konjakreis nicht zu nass ist.
2. Zwiebel und Knoblauch schälen und hacken. Karotte und Petersilienwurzel putzen, schälen und würfeln. 2 Teelöffel Olivenöl in einem Topf erhitzen und die Zwiebel darin glasig dünsten. Knoblauch, Karotten- und Petersilienwurzelwürfel zufügen und alles 3–4 Minuten braten.
3. Die Gemüsebrühe, den Zitronensaft, die Zitronenschale und den Thymian hinzufügen und 5–6 Minuten kochen lassen.
4. Den abgetropften Konjakreis untermischen. Anschließend die Crème fraîche und den Parmesan unterrühren. Das Konjaksotto 3–4 Minuten auf der warmen Herdplatte ziehen lassen.
5. In der Zwischenzeit den Lachs in 1–2 cm breite Streifen schneiden. Eine Pfanne mit dem restlichen Olivenöl erhitzen und die Lachsstreifen darin 2–3 Minuten braten und mit Salz und Pfeffer würzen.
6. Den Lachs unter das Konjaksotto heben und das Gericht mit Salz und Pfeffer abschmecken.

TIPP

Wer keine Lust mehr auf gesunden Omega-3-Lachs hat, nimmt stattdessen Seelachsfilet.

Veggie-Schlemmereien mit der Konjakwurzel

Natürlich ist Konjak ebenso fleischlos lecker. Gut kombiniert wird auch hier eine sättigende, vitaminreiche und ausgewogene Mahlzeit daraus.

Und falls Sie ein Fan der nassen Konjakprodukte sind, können Sie diese wieder in allen Rezepten anstatt der trockenen Produkte verwenden. Die Zubereitung und die Kochzeit einfach entsprechend anpassen und weiterarbeiten wie im Rezept angegeben. Eine Packung mit 350 bis 400 g der nassen Produkte ergibt mit einem Abtropfgewicht von 200 bis 250 g eine Portion. Sie müssen also pro Person eine ganze Packung beim Kochen einplanen.

Konjaknudeln Ali Baba

Für 2 Portionen

NÄHRWERTE PRO PORTION:
KILOKALORIEN: 463, FETT: 20,3 G, KOHLENHYDRATE: 23,9 G, EIWEISS: 27,5 G

ZUTATEN

- 150 g trockene Konjaknudeln
- 50 g rote Zwiebel
- 250 g Kirschtomaten
- 2 TL Olivenöl
- 3 TL Harissa-Würzpaste
- 2 TL getrockneter Thymian
- 175 g Quorn
- 150 g Kidney-Bohnen, aus der Dose
- 30 g Mandelmus
- 20 g geriebener Parmesan
- Salz und Pfeffer

1. Die Konjaknudeln in einem Topf mit kochendem Wasser 10 Minuten garen. Dann in ein Küchensieb abgießen, mit heißem Wasser abspülen und abtropfen lassen.
2. Zwiebel schälen und hacken. Tomaten waschen und vierteln. In einem Topf das Olivenöl erhitzen und die Zwiebel darin glasig dünsten. Die Kirschtomaten, die Harissa-Würzpaste und den Thymian zufügen und alles 4–5 Minuten köcheln lassen.
3. Nun den Hackfleischersatz Quorn zufügen und 3–4 Minuten kochen lassen.
4. Die Kidney-Bohnen in ein Küchensieb abgießen, mit Wasser abspülen und abtropfen lassen. Abschließend die Bohnen, das Mandelmus und den Parmesan in den Topf geben, alles mischen und erwärmen.
5. Zum Schluss noch die Konjaknudeln unterheben und das Gericht mit Salz und Pfeffer abschmecken.

TIPP

Quorn ist ein Fleischersatz aus Pilzprotein. Sie können auch einen anderen Hackfleischersatz wählen, der Ihnen zusagt.

Konjaknudelmuffins Caprese

Für 2 Portionen

NÄHRWERTE PRO PORTION:
KILOKALORIEN: 433, FETT: 29,8 G, KOHLENHYDRATE: 5,0 G, EIWEISS: 24,6 G

ZUTATEN

150 g trockene Konjaknudeln
2 Eier, Größe L
40 g Basilikum-Pesto
20 g getrocknete Tomaten, ohne Öl
125 g Mozzarella
20 g geriebener Parmesan
Salz und Pfeffer
Fett für die Form

1. Die Konjaknudeln in einem Topf mit kochendem Wasser 10 Minuten garen. Dann in ein Küchensieb abgießen, mit heißem Wasser abspülen und abtropfen lassen.
2. Den Backofen auf 175 °C Umluft vorheizen.
3. Die Eier in einer größeren Schüssel mit dem Basilikum-Pesto verquirlen.
4. Die getrockneten Tomaten und den Mozzarella in sehr kleine Würfel schneiden. Beides mit dem geriebenen Parmesan in die Basilikum-Eier-Mischung rühren.
5. Die Konjaknudeln unter die Mischung heben und alles mit Salz und Pfeffer würzen.
6. Die Basilikum-Eier-Nudel-Mischung auf 6 gefettete Muffinförmchen verteilen und dann 20 Minuten im Backofen backen.

TIPP

Nehmen Sie doch mal ein anderes Pesto, schon ist ein anderer Geschmack auf dem Teller.

Konjakreis Goreng mit Ei

Für 2 Portionen

NÄHRWERTE PRO PORTION:
KILOKALORIEN: 397, FETT: 17,4 G, KOHLENHYDRATE: 17,8 G, EIWEISS: 19,0 G

ZUTATEN

- 100 g trockener Konjakreis
- 1 Knoblauchzehe
- 1–2 cm frischer Ingwer
- 4 Eier, Größe L
- 1 TL Currypulver
- 2 TL helle Sojasoße
- ½ TL Sambal Oelek
- Salz und Pfeffer
- 150 g Lauch
- 150 g Karotte
- 150 g rote Paprika
- 2 TL Kokosöl

1. Wasser in einen Topf füllen und zum Kochen bringen. Den trockenen Konjakreis dazugeben und 10 Minuten kochen lassen. Dann die Herdplatte ausschalten und den Reis weitere 10 Minuten im heißen Wasser ziehen lassen. Anschließend in einem Sieb abgießen und mit heißem Wasser abspülen. Das Wasser gut abschütteln, damit der Konjakreis nicht zu nass ist.
2. Knoblauch schälen und pressen. Ingwer schälen und reiben. Die Eier in einer Schüssel mit dem Currypulver, der Sojasoße, dem Sambal Oelek, dem Knoblauch und dem Ingwer verquirlen. Dann kräftig mit Salz und Pfeffer abschmecken.
3. Lauch, Karotte und Paprika putzen und waschen. Lauch in Ringe schneiden, Karotte und Paprika würfeln. In einem Topf das Kokosöl erhitzen und das Gemüse darin 3–4 Minuten anbraten.
4. Anschließend den Konjakreis zufügen und 2–3 Minuten mitbraten. Nun die Eiermischung in den Topf gießen und unter Rühren stocken lassen. Dann mit Salz und Pfeffer abschmecken.

TIPP

Mischen Sie für mehr Exotik einfach 2 Teelöffel Kokosraspel mit in die asiatische Reispfanne.

Konjaknudeln mit Rucola-Macadamia-Pesto

Für 2 Portionen

NÄHRWERTE PRO PORTION:
KILOKALORIEN: 396, FETT: 31,5 G, KOHLENHYDRATE: 5,8 G, EIWEISS: 8,2 G

ZUTATEN

Für das Pesto:

30 g Rucola
30 g gesalzene und geröstete Macadamianüsse
25 ml Olivenöl
25 g geriebener Parmesan
Salz und Pfeffer

Für die Nudelpfanne:

150 g trockene Konjaknudeln
400 g Zucchini
2 TL Olivenöl

1. Rucola waschen, trocken schütteln und grob hacken. Die Macadamianüsse ebenfalls grob hacken. Alle Zutaten für das Pesto in einen Standmixer füllen und pürieren oder mit dem Pürierstab zerkleinern.
2. Die Konjaknudeln in einem Topf mit kochendem Wasser 10 Minuten garen. Dann in ein Küchensieb abgießen, mit heißem Wasser abspülen und abtropfen lassen.
3. Die Zucchini putzen, waschen, längs vierteln und die Kerne herausschneiden. Dann das Fruchtfleisch in 1–2 cm große Würfel schneiden.
4. Eine große hohe Pfanne auf den Herd stellen und das Olivenöl darin erhitzen. Die Zucchiniwürfel 2–3 Minuten braten und anschließend die Konjaknudeln zufügen.
5. Zum Schluss das vorbereitete Pesto gründlich untermischen und die Nudelpfanne mit Salz und Pfeffer abschmecken.

TIPP

Nehmen Sie alternativ gesalzene, geröstete Cashewkerne.

Konjaknudeln mit gemüsiger Quornolese

Für 2 Portionen

NÄHRWERTE PRO PORTION:
KILOKALORIEN: 409, FETT: 17,1 G, KOHLENHYDRATE: 24,4 G, EIWEISS: 20,7 G

ZUTATEN

- 150 g trockene Konjaknudeln
- 50 g rote Zwiebel
- 1 Knoblauchzehe
- 50 g Staudensellerie
- 50 g Karotte
- 150 g Zucchini
- 100 g rote Paprika
- 300 g Kirschtomaten
- 1 EL Olivenöl
- 30 g Tomaten-Pesto
- 1 EL dunkler Balsamico-Essig
- 1 TL getrockneter Oregano
- 175 g Quorn (Hackfleischersatz aus Pilzprotein)
- Salz und Pfeffer
- 20 g grob geriebener Parmesan

1. Die Konjaknudeln in einem Topf mit kochendem Wasser 10 Minuten garen. Dann in ein Küchensieb abgießen, mit Wasser abspülen und abtropfen lassen.
2. Zwiebel und Knoblauch schälen und hacken. Sellerie, Karotte, Zucchini und Paprika putzen, waschen und fein würfeln. Tomaten waschen und vierteln. Das Olivenöl in einem Topf erhitzen und die Zwiebel darin glasig dünsten. Knoblauch, Staudensellerie und Karotte zufügen und alles 2–3 Minuten braten.
3. Die Kirschtomaten, das Tomaten-Pesto, den Balsamico-Essig und den Oregano zufügen und alles 10 Minuten köcheln lassen.
4. Nun Zucchini, Paprika und Quorn zufügen und die Quornolese 5 Minuten köcheln lassen. Zum Schluss die Konjaknudeln untermischen und das Gericht mit Salz und Pfeffer abschmecken.
5. Auf Tellern anrichten und mit dem grob geriebenen Parmesan bestreuen.

TIPP

Doch lieber eine Veggie-Lasagne? Dann nehmen Sie die Lasagneplatten von Seite 64 und füllen Sie die Quornolese als Soße dazwischen.

Süßkartoffelauflauf

Für 2 Portionen

NÄHRWERTE PRO PORTION:
KILOKALORIEN: 491, FETT: 21,8 G, KOHLENHYDRATE: 56,8 G, EIWEISS: 16,3 G

ZUTATEN

500 g längliche Süßkartoffeln
400 ml passierte Tomaten
75 g Kräuterfrischkäse
2 TL Zwiebelgranulat
1 TL Knoblauchgranulat
1 TL getrockneter Thymian
1 Msp Chilipulver
1 TL Konjakmehl (4 g)
60 g geriebener Manchego-Käse
Salz und Pfeffer

1. Die Süßkartoffeln schälen und in dünne Scheiben hobeln.
2. Den Backofen auf 175 °C Umluft vorheizen.
3. Alle Zutaten, außer den Süßkartoffelscheiben und dem Manchego in einen Standmixer geben und zu einer cremig-würzigen Tomatensoße mixen.
4. Die Süßkartoffelscheiben in einer Schüssel mit der Soße vermischen und dann in eine Auflaufform umfüllen. Etwas glatt streichen und ca. 35 Minuten im Ofen backen.
5. Aus dem Ofen nehmen, mit dem Manchego-Käse bestreuen und weitere 25 Minuten im Backofen überbacken.

TIPP

Keine Lust auf Süßkartoffel? Lecker wird der Auflauf auch mit aromatischer Petersilienwurzel oder Pastinake.

Konjaknudeln Thai-Style

Für 2 Portionen

NÄHRWERTE PRO PORTION:
KILOKALORIEN: 458, FETT: 26,4 G, KOHLENHYDRATE: 22,1 G, EIWEISS: 15,7 G

ZUTATEN

- 150 g trockene Konjaknudeln
- 150 g rote Paprika
- 150 g Karotte
- 300 g Brokkoli
- 2 TL Kokosöl
- 2 TL rote Currypaste (Achtung, scharf!)
- 1–2 cm frischer Ingwer
- 1 Knoblauchzehe
- 75 ml Kokosmilch
- 100 ml Gemüsebrühe
- 30 g Erdnussmus
- 2 TL Limettensaft
- 2 Frühlingszwiebeln
- 20 g geröstete und gesalzene Erdnüsse
- Salz und Pfeffer

1. Die Konjaknudeln in einem Topf mit kochendem Wasser 10 Minuten garen. Dann in ein Küchensieb abgießen, mit heißem Wasser abspülen und abtropfen lassen.
2. Paprika, Karotte und Brokkoli putzen und waschen. Die Paprika in 1–2 cm große Stücke, die Karotte in Stifte und den Brokkoli in kleine Röschen schneiden.
3. In einem Topf oder Wok das Kokosöl erhitzen und die Currypaste kurz anschwitzen. Ingwer und Knoblauch schälen und reiben bzw. hacken. Beides in den Topf geben. Anschließend Paprika, Karotte und Brokkoli hinzufügen und 2–3 Minuten braten.
4. Dann Kokosmilch, Gemüsebrühe, Erdnussmus und Limettensaft unterrühren. Gemüse 4–5 Minuten mit geschlossenem Deckel köcheln lassen.
5. In der Zwischenzeit die Frühlingszwiebeln putzen, waschen und in Röllchen schneiden. Die gesalzenen Erdnüsse mit einem Messer grob hacken.
6. Die Konjaknudeln, die Frühlingszwiebelringe und die gehackten Erdnüsse in den Topf geben und erwärmen. Mit Salz und Pfeffer abschmecken.

TIPP

Schmeckt auch mit Konjakreis. Und wer doch mit Fleisch will, brät Putenstreifen dazu.

Konjaknudeln mit Erbsencreme

Für 2 Portionen

NÄHRWERTE PRO PORTION:
KILOKALORIEN: 257, FETT: 11,3 G, KOHLENHYDRATE: 14,8 G, EIWEISS: 10,0 G

ZUTATEN

- 150 g trockene Konjaknudeln
- 50 g Zwiebel
- 2 TL Olivenöl
- 200 g TK-Erbsen
- 200 ml Gemüsebrühe
- 1 TL heller Balsamico-Essig
- ½ TL Knoblauchgranulat
- ¼ TL rosenscharfes Paprikapulver
- 100 g Ziegenfrischkäse
- Salz und Pfeffer

1. Die Konjaknudeln in einem Topf mit kochendem Wasser 10 Minuten garen. Dann in ein Küchensieb abgießen, mit heißem Wasser abspülen und abtropfen lassen.
2. Zwiebel schälen und hacken. In einem kleineren Topf das Olivenöl erhitzen und die Zwiebel darin glasig dünsten. Die TK-Erbsen zufügen und 1 Minute mitbraten. Dann mit der Gemüsebrühe und dem Essig ablöschen. Das Knoblauchgranulat und das Paprikapulver zufügen und die Erbsen 7–8 Minuten köcheln lassen.
3. Anschließend den Topfinhalt mit dem Pürierstab cremig zerkleinern und den Ziegenfrischkäse unter die heiße Erbsencreme rühren.
4. Die Konjaknudeln unterheben und alles mit Salz und Pfeffer abschmecken.

TIPP

Wer keinen Ziegenfrischkäse mag, nimmt neutralen Frischkäse und gibt 1 Teelöffel Sahne-Meerrettich hinzu.

Spargel-Konjaksotto

Für 2 Portionen

NÄHRWERTE PRO PORTION:
KILOKALORIEN: 437, FETT: 25,3 G, KOHLENHYDRATE: 9,0 G, EIWEISS: 16,7 G

ZUTATEN

- 100 g trockener Konjakreis
- 400 g grüner Spargel
- 4 TL Olivenöl
- Salz und Pfeffer
- 50 g Zwiebel
- 50 ml trockener Weißwein
- 25 ml Gemüsebrühe
- 100 g Büffelmozzarella
- 30 g geriebener Parmesan
- 100 g Kirschtomaten

1. Wasser in einen Topf füllen und zum Kochen bringen. Den trockenen Konjakreis dazugeben und 10 Minuten kochen lassen. Dann die Herdplatte ausschalten und den Reis weitere 10 Minuten im heißen Wasser ziehen lassen. Anschließend in einem Sieb abgießen und mit heißem Wasser abspülen. Das Wasser gut abschütteln, damit der Konjakreis nicht zu nass ist.
2. Beim Spargel an den Enden 2 cm wegschneiden und den unteren Teil der Stangen leicht schälen. Den geputzten Spargel in 3 cm lange Stücke schneiden.
3. 2 Teelöffel Olivenöl in einem Topf erhitzen und die Spargelstücke darin 4–5 Minuten braten, dabei mit Salz und Pfeffer würzen. Die Spargelstücke aus dem Topf nehmen.
4. Die Zwiebel schälen und hacken. Das restliche Olivenöl in den heißen Topf geben und die Zwiebelwürfel darin glasig dünsten. Den Weißwein und die Gemüsebrühe angießen, dann den Konjakreis dazugeben.
5. Den Büffelmozzarella abtropfen lassen und würfeln. Mit dem Parmesan untermischen und beides unter Rühren 1–2 Minuten im heißen Konjaksotto schmelzen lassen.
6. Die Kirschtomaten waschen und vierteln. Mit dem Spargel unterheben und alles weitere 1–2 Minuten köcheln lassen. Zum Schluss noch mit Salz und Pfeffer würzen.

TIPP

Wer es cremiger mag, mischt vor dem Zugeben 1 g Konjakmehl in den Weißwein bzw. die Gemüsebrühe.

Kürbis-Konjakreis-Torte

Für 2 Portionen

NÄHRWERTE PRO PORTION:
KILOKALORIEN: 471, FETT: 28,0 G, KOHLENHYDRATE: 16,5 G, EIWEISS: 17,6 G

ZUTATEN

- 100 g trockener Konjakreis
- 250 g Butternut-Kürbis
- 50 g Zwiebel
- 2 TL Olivenöl
- 75 g Kräuterfrischkäse
- 1 EL scharfes Ajvar
- 1 EL zuckerfreier Ketchup
- 2 Eier, Größe M
- Salz und Pfeffer
- 50 g geriebener mittelalter Gouda
- Fett für die Form

1. Wasser in einen Topf füllen und zum Kochen bringen. Den trockenen Konjakreis dazugeben und 10 Minuten kochen lassen. Dann die Herdplatte ausschalten und den Reis weitere 10 Minuten im heißen Wasser ziehen lassen. Anschließend in einem Sieb abgießen und mit heißem Wasser abspülen. Das Wasser gut abschütteln, damit der Konjakreis nicht zu nass ist.
2. Den Butternut-Kürbis schälen, entkernen und grob raspeln. Das klappt gut mit der Küchenmaschine und mit etwas mehr Krafteinsatz auch mit der Eckreibe.
3. Die Zwiebel schälen und hacken. Das Olivenöl in einem Topf erhitzen und die Zwiebel darin glasig dünsten. Dann die Kürbisraspel zufügen und in 3–4 Minuten bissfest braten. Von der heißen Platte nehmen und einige Minuten abkühlen lassen.
4. Den Backofen auf 175 °C Umluft vorheizen.
5. Den Frischkäse, das Ajvar und den Ketchup in einer Schüssel verrühren. Die Mischung unter die abgekühlten Kürbisraspel rühren. Die Eier in einer Tasse verquirlen, kräftig mit Salz und Pfeffer würzen und dann zur Kürbismischung geben.
6. Nun noch den Konjakreis und die Hälte des Goudas zufügen. Die Masse mit Salz und Pfeffer abschmecken. Anschließend die Kürbismischung in eine kleine gefettete Springform (18 cm Durchmesser) füllen. Die Springform von außen mit Alufolie abdichten, damit nichts ausläuft.
7. Den restlichen Gouda über der Konjakreistorte verteilen und dann die Springform 40 Minuten in den Ofen stellen.

TIPP

Schmeckt auch in der Auflaufform gebacken gut.

Kalte Küche, auch für unterwegs

Nicht jede Mahlzeit des Tages ist warm und gerade, wenn die Temperaturen steigen, stehen erfrischende und leichte Salate auf dem Speiseplan.

Perfekt geeignet zum Mitnehmen für Berufstätige, müssen Sie auch in der Mittagspause nicht auf Ihre tägliche Dosis Konjak verzichten. Und keine Angst, man sieht den Salaten nicht an, dass darin eine asiatische Wunderknolle enthalten ist. Ihre Kollegen werden Sie beneiden, und Sie werden stets zur vollsten Zufriedenheit schlemmen.

Tomaten-Pesto-Konjakreis-Salat

Für 2 Portionen

NÄHRWERTE PRO PORTION:
KILOKALORIEN: 417, FETT: 17,9 G, KOHLENHYDRATE: 22,6 G, EIWEISS: 18,8 G

ZUTATEN

100 g trockener Konjakreis
15 g Pinienkerne
250 g Kirschtomaten
50 g rote Zwiebel
75 g Karotte
½ Bund Frühlingszwiebeln
150 g gekochter Schinken
Salz und Pfeffer

Für das Dressing:

50 g Tomaten-Pesto
2 TL heller Balsamico-Essig

1. Wasser in einen Topf füllen und zum Kochen bringen. Den trockenen Konjakreis dazugeben und 10 Minuten kochen lassen. Dann die Herdplatte ausschalten und den Reis weitere 10 Minuten im heißen Wasser ziehen lassen. Anschließend in einem Sieb abgießen und mit heißem Wasser abspülen. Das Wasser gut abschütteln, damit der Konjakreis nicht zu nass ist. Den Konjakreis abkühlen lassen.
2. Die Pinienkerne in einer heißen Pfanne ohne Fett in 2–3 Minuten goldgelb rösten.
3. Tomaten waschen und vierteln. Die Zwiebel schälen und fein hacken. Die Karotte und die Frühlinsgzwiebeln putzen und waschen. Karotte grob raspeln und Frühlingszwiebeln in Ringe schneiden. Das Gemüse, den gewürfelten Schinken, den Konjakreis und die Pinienkern in einer Schüssel vermischen.
4. Aus dem Tomaten-Pesto und dem Essig ein Dressing rühren, unter den Salat mischen und alles kräftig mit Salz und Pfeffer abschmecken. Für mehrere Stunden im Kühlschrank durchziehen lassen.

TIPP

Salat am Vortag zubereiten und dann die zwei darauffolgenden Tage in der Mittagspause schlemmen.

Gemüse-Champignon-Eier-Konjaknudel-Salat

Für 2 Portionen

NÄHRWERTE PRO PORTION:
KILOKALORIEN: 432, FETT: 24,7 G, KOHLENHYDRATE: 18,5 G, EIWEISS: 19,2 G

ZUTATEN

Für den Salat:

150 g trockene Konjaknudeln
50 g rote Zwiebel
250 g braune Champignons
125 g rote Paprika
100 g Karotte
2 TL Olivenöl
75 g TK-Erbsen
1 TL Estragon
Salz und Pfeffer
3 hartgekochte Eier

Für das Dressing:

25 g Mayonnaise
75 g Joghurt, 3,5 % Fett
2 TL heller Balsamico-Essig
1 TL Dijon-Senf
Salz und Pfeffer

1. Die Konjaknudeln in einem Topf mit kochendem Wasser 10 Minuten garen. Dann in ein Küchensieb abgießen, mit heißem Wasser abspülen, abtropfen und abkühlen lassen.
2. Zwiebel schälen und hacken. Champignons putzen, säubern und in Scheiben schneiden. Paprika und Karotte putzen, waschen und würfeln. In einem Topf das Olivenöl erhitzen und die Zwiebel darin glasig dünsten. Dann das geschnittene Gemüse und die Erbsen zufügen und alles in 5–6 Minuten bissfest braten. Den Estragon zufügen und die Gemüsepfanne mit Salz und Pfeffer würzen. Anschließend abkühlen lassen.
3. Die hartgekochten Eier schälen und in Scheiben schneiden.
4. Die Zutaten für die Salatcreme mischen und kräftig mit Salz und Pfeffer abschmecken.
5. Alle Zutaten in eine Schüssel füllen und das vorbereitete Salatdressing untermischen.

TIPP

Nehmen Sie Delikatess-Mayonnaise auf Basis von Rapsöl und keine mit Sonnenblumenöl.

Konjak-Glasnudel-Salat mit Thunfisch

Für 2 Portionen

NÄHRWERTE PRO PORTION:
KILOKALORIEN: 357, FETT: 9,3 G, KOHLENHYDRATE: 16,9 G, EIWEISS: 37,1 G

ZUTATEN

150 g trockene Konjaknudeln
75 g rote Zwiebel
150 g Champignons
1 EL Olivenöl
100 g TK-Erbsen
1 EL helle Sojasoße
Salz und Pfeffer
260 g Thunfisch, in eigenem Saft, aus der Dose
150 g Kirschtomaten
100 g Karotte

Für das Dressing:

1 EL helle Sojasoße
2 EL Limettensaft
1 EL Sriracha-Soße
1 TL Kokosblütensirup
Salz und Pfeffer

1. Die Konjaknudeln in einem Topf mit kochendem Wasser 10 Minuten garen. Dann in ein Küchensieb abgießen, mit heißem Wasser abspülen, abtropfen und abkühlen lassen.
2. Zwiebel schälen und hacken. Champignons putzen, säubern und in Scheiben schneiden. Das Olivenöl in einem Topf erhitzen, die Zwiebel darin glasig dünsten. Anschließend die Champignonscheiben und die TK-Erbsen 3–4 Minuten mitbraten. Sojasoße zufügen, alles mit Salz und Pfeffer würzen und abkühlen lassen.
3. Den Thunfisch in einem Sieb abtropfen lassen. Die Tomaten waschen und vierteln. Die Karotte putzen, waschen und grob raspeln.
4. Alle Zutaten für den Salat in eine Schüssel füllen.
5. Die Zutaten für das Salatdressing in einer Schüssel verrühren. Das Dressing über den Salat gießen und gut unterrühren. Dann den asiatischen Salat im Kühlschrank mehrere Stunden ziehen lassen.

TIPP

Keine Sriracha-Soße zur Hand? Mischen Sie ½ TL Sambal Oelek und 1 Esslöffel zuckerfreien Ketchup.

Konjaknudelsalat Mexiko

Für 2 Portionen

NÄHRWERTE PRO PORTION:
KILOKALORIEN: 398, FETT: 19,1 G, KOHLENHYDRATE: 30,4 G, EIWEISS: 9,9 G

ZUTATEN

Für den Salat:

150 g trockene Konjaknudeln
75 g rote Zwiebel
150 g grüne Paprika
1 EL Olivenöl
Salz und Pfeffer
150 g Kidney-Bohnen, aus der Dose
70 g Goldmais, aus der Dose
250 g Kirschtomaten
50 g Avocado-Fruchtfleisch

Für das Dressing:

30 g Tomaten-Pesto
2 TL Limettensaft
½ TL Sambal Oelek
½ TL gemahlener Kreuzkümmel
1 TL getrockneter Oregano

1. Die Konjaknudeln in einem Topf mit kochendem Wasser 10 Minuten garen. Dann in ein Küchensieb abgießen, mit heißem Wasser abspülen, abtropfen und abkühlen lassen.
2. Zwiebel schälen und hacken. Paprika putzen, waschen und würfeln. Das Olivenöl in einem Topf erhitzen und die Zwiebel darin glasig dünsten. Die Paprikawürfel zufügen und 3–4 Minuten braten. Mit Salz und Pfeffer würzen und abkühlen lassen.
3. Die Kidney-Bohnen und den Mais in ein Küchensieb abgießen, mit Wasser abspülen und abtropfen lassen. Die Tomaten waschen und halbieren. Das Avocado-Fruchtfleisch würfeln.
4. Alle vorbereiteten Zutaten für den Salat in einer Schüssel mischen. Die Zutaten für das Dressing in einer Schüssel vermischen und das Dressing unter den Salat heben. Mit Salz und Pfeffer abschmecken. Den Nudelsalat mehrere Stunden kühl stellen und durchziehen lassen.

TIPP

Zuckerfreier Ketchup statt Tomaten-Pesto gibt dem Salat eine fruchtige, süße Note.

Roastbeef-Sandwich mit Knoblauch-Joghurt-Creme

Für 2 Portionen

NÄHRWERTE PRO PORTION:
KILOKALORIEN: 407, FETT: 18,1 G, KOHLENHYDRATE: 21,4 G, EIWEISS: 35,3 G

ZUTATEN

Für die Brötchen:
40 g Haferkleie
1 EL+1 TL Sesam
2 TL Konjakmehl (8 g)
½ TL Backpulver
½ TL Salz
150 g Magerquark
75 ml Mineralwasser
2 Eier, Größe M

Für die Joghurtcreme:
30 g Gewürzgurke
1 TL Dill, gehackt
100 g Joghurt, 3,5 % Fett
1 TL Olivenöl
½ TL Knoblauchgranulat
½ TL Sahne-Meerrettich
½ TL Dijon-Senf
Salz und Pfeffer

Für den Belag:
einige Blätter Frisée-Salat
1 Tomate
100 g gegartes Roastbeef, dünn geschnitten

1. Den Backofen auf 175 °C Umluft vorheizen.
2. Haferkleie, 1 EL Sesam, Konjakmehl, Backpulver und Salz in einer Schüssel mischen. Dann Magerquark, Wasser und Eier in einer zweiten Schüssel verrühren und anschließend die trockenen Zutaten untermischen. Den Teig 5 Minuten quellen lassen. Mit einem Löffel den Teig in 2 Portionen auf ein mit Backpapier belegtes Blech geben. Dann mit einem Messer in eine flachere ovale Brötchenform bringen. Die Teiglinge mit dem restlichen Sesam bestreuen, 30–35 Minuten im Ofen backen und anschließend abkühlen lassen.
3. Die Gewürzgurke hacken. Mit den restlichen Zutaten für die Joghurtcreme in einer Schüssel vermischen und mit Salz und Pfeffer kräftig abschmecken.
4. Für den Belag die Salatblätter waschen und mit Küchenpapier trocken tupfen. Die Tomate waschen und in Scheiben schneiden.
5. Die beiden Brötchen quer halbieren und die Schnittflächen zweifach toasten. Die Schnittflächen dünn mit der Joghurtcreme bestreichen.
6. Jeweils die unteren Hälften der Brötchen mit Salatblättern belegen. Das Roastbeef darauflegen und mit dem Rest der Joghurtcreme bestreichen. Darauf die Tomatenscheiben legen und die Brötchenoberseiten als Deckel aufsetzen.

TIPP

Statt Roastbeef macht sich auch eine geräucherte Putenbrust in Scheiben sehr gut.

Kräuter-Konjakreis-Salat mit Hüttenkäse

Für 2 Portionen

NÄHRWERTE PRO PORTION:
KILOKALORIEN: 364, FETT: 11,4 G, KOHLENHYDRATE: 14,9 G, EIWEISS: 26,3 G

ZUTATEN

Für den Salat:

100 g trockener Konjakreis
100 g gegarte geräucherte Putenbrustscheiben
100 g Silberzwiebeln, eingelegt, aus dem Glas
200 g Kirschtomaten
150 g orange Paprika
2 EL Schnittlauch, in Röllchen geschnitten
1 EL Petersilie, gehackt
1 EL Dill, gehackt
200 g Hüttenkäse/körniger Frischkäse

Für das Dressing:

2 TL Olivenöl
1 TL mittelscharfer Senf
2 EL zuckerfreier Ketchup
Salz und Pfeffer

1. Wasser in einen Topf füllen und zum Kochen bringen. Den trockenen Konjakreis dazugeben und 10 Minuten kochen lassen. Dann die Herdplatte ausschalten und den Reis weitere 10 Minuten im heißen Wasser ziehen lassen. Anschließend in einem Sieb abgießen und mit heißem Wasser abspülen. Das Wasser gut abschütteln, damit der Konjakreis nicht zu nass ist. Den Konjakreis abkühlen lassen.
2. Die Putenbrustscheiben in Streifen schneiden. Die Silberzwiebeln abtropfen lassen und mit dem Messer halbieren.
3. Kirschtomaten waschen und halbieren. Paprika putzen, waschen und würfeln. Alle Zutaten für den Salat in einer Schüssel vermischen.
4. Die Zutaten für das Dressing in einer Schüssel verrühren. Dressing unter den Salat heben und gründlich vermischen. Mit Salz und Pfeffer abschmecken. Den Nudelsalat mehrere Stunden kühl stellen und durchziehen lassen.

TIPP

Geräucherter Lachs statt Pute ist in diesem Salat für alle Fischfans eine weitere Option.

Fruchtiger Garnelen-Konjakreis-Salat

Für 2 Portionen

NÄHRWERTE PRO PORTION:
KILOKALORIEN: 374, FETT: 9,0 G, KOHLENHYDRATE: 24,9 G, EIWEISS: 26,7 G

ZUTATEN

Für den Salat:

100 g trockener Konjakreis
125 g ungezuckerte Mandarinenstücke, aus der Dose
100 g Eisbergsalat
50 g Karotte
3 Frühlingszwiebeln
125 g rote Paprika
200 g Partygarnelen

Für das Dressing:

2 TL Dill, gehackt
150 g Griechischer Joghurt, 10 % Fett
2 TL heller Balsamico-Essig
1 TL mildes Currypulver
Salz und Pfeffer

1. Wasser in einen Topf füllen und zum Kochen bringen. Den trockenen Konjakreis dazugeben und 10 Minuten kochen lassen. Dann die Herdplatte ausschalten und den Reis weitere 10 Minuten im heißen Wasser ziehen lassen. Anschließend in einem Sieb abgießen und mit heißem Wasser abspülen. Das Wasser gut abschütteln, damit der Konjakreis nicht zu nass ist. Den Konjakreis abkühlen lassen.
2. Die Mandarinenstücke aus der Dose nehmen und in einem Sieb abtropfen lassen. Den Eisbergsalat waschen und in 1 cm breite Streifen schneiden. Karotte, Frühlingszwiebeln und Paprika putzen und waschen. Karotte grob raspeln, Frühlingszwiebeln in Ringe schneiden und Paprika würfeln. Die vorbereiteten Zutaten in einer Schüssel mit den Garnelen mischen.
3. Die Zutaten für das Dressing in einer Schüssel verrühren und mit Salz und Pfeffer abschmecken.
4. Das Dressing gründlich unter den Salat mischen. Salat mehrere Stunden kühl stellen und durchziehen lassen.

TIPP

Wie wäre es mit Ananas statt Mandarine und Schinken statt Garnelen? Konjakreissalat Hawaii, ganz einfach gemacht.

Easy-Konjak-Sushi

Für 3 Portionen

NÄHRWERTE PRO PORTION:
KILOKALORIEN: 244, FETT: 11,0 G, KOHLENHYDRATE: 3,8 G, EIWEISS: 12,5 G

ZUTATEN

- 150 g trockener Konjakreis
- 3 EL Reisessig
- ½ TL Stevia-Streupulver mit Erythrit
- ½ TL Salz
- ¼ TL Konjakmehl (1 g)
- 50 g Avocado-Fruchtfleisch
- 2 TL Wasabi-Paste
- 2 TL Limettensaft
- 4 Nori-Algenblätter
- 150 g geräucherter Lachs in Scheiben
- 2 kleine Snack-Gurken

TIPP

Als Dip zu den Sushi-Rollen Sojasoße reichen und eingelegten Ingwer dazu servieren.

1. Wasser in einen Topf füllen und zum Kochen bringen. Den trockenen Konjakreis dazugeben und 10 Minuten kochen lassen. Dann die Herdplatte ausschalten und den Reis weitere 10 Minuten im heißen Wasser ziehen lassen. Anschließend in einem Sieb abgießen und mit heißem Wasser abspülen. Das Wasser gut abschütteln, damit der Konjakreis nicht zu nass ist.
2. Den Reisessig mit dem Stevia-Streupulver und dem Salz in einer kleinen Schüssel mit einem Schneebesen verrühren. Dann das Konjakmehl unterrühren. Den noch warmen Konjakreis in eine große Schüssel füllen, die Essigmischung darübergießen. Alles gut vermischen.
3. Das Avodaco-Fruchtfleisch würfeln und im Mixer mit der Wasabi-Paste und dem Limettensaft pürieren.
4. Eine Sushi-Bambusmatte auf die Arbeitsfläche legen und darauf 1 Algenblatt mit der glatten Seite nach unten legen. Das Algenblatt soll bündig mit der Bambusmatte liegen, und zwar auf der zum eigenen Körper zeigenden Seite. ¼ des Reises (etwa 125 g) gleichmäßig auf dem Algenblatt verteilen. Am hinteren Ende sollte ein Rand von etwa 2 Zentimetern frei bleiben.
5. In die Mitte der Reisfläche, 1 Scheibe Räucherlachs legen. Wenn die Räucherlachsscheibe sehr breit ist, dann zusammenlegen. ¼ der Wasabi-Avocaco-Creme in einem schmalen Streifen in die Mitte des Lachses setzen. Darauf nebeneinander 2 Stücke von den geviertelten Snack-Gurken geben.
6. Den kleinen freien Algenrand mit Wasser befeuchten. Dann Algenbatt mithilfe der Bambusmatte aufrollen und kräftig zusammendrücken. Die fertige Sushirolle zur Seite legen und mit der nächsten Rolle weitermachen, bis die 4 Rollen fertig sind. Rollen im Kühlschrank aufbewahren. Vor dem Verzehr die Rollen in 6–8 Stücke schneiden und anrichten.

Backen mit Konjakmehl

Wie lässt sich Konjak unauffällig in eine Mahlzeit einbauen ohne Nudeln oder Reis? Und das gerade beim Frühstück oder Abendessen, wenn die Küche kalt und einfach bleiben soll.

Wie wäre es mit Brot, Brötchen, Keksen oder Kuchen? In allen Backrezepten hier im Buch findet sich pro Portion die passende Menge der gesunden Wurzel. Alles so optimiert, dass Sie schlemmend schlank werden können. Und auf Ihr tägliches Brot müssen Sie auch nicht verzichten.

Erdnussbrötchen

Für 8 Brötchen

NÄHRWERTE PRO BRÖTCHEN:
KILOKALORIEN: 190, FETT: 8,3 G, KOHLENHYDRATE: 11,7 G, EIWEISS: 13,7 G

ZUTATEN

- 25 g geröstete und gesalzene Erdnüsse
- 125 g Haferkleie
- 40 g entöltes Gold-Leinsamenmehl
- 20 g Konjakmehl
- 2 TL Backpulver
- ¾ TL Salz
- 3 Eier, Größe M
- 300 g Magerquark
- 100 g Mineralwasser
- 50 g ungesüßtes Erdnussmus

1. Den Backofen auf 175 °C Umluft vorheizen. Ein Backblech mit Backpapier auslegen.
2. Die Erdnüsse mit einem Messer hacken.
3. Die trockenen Zutaten für die Brötchen in einer Schüssel vermischen.
4. Die nassen Zutaten in einer großen Schüssel verrühren. Die trockenen Zutaten anschließend esslöffelweise untermischen und alles zu einem Teig verarbeiten.
5. Mit nassen Händen aus dem Teig 8 Brötchen von je etwa 100 g formen und die Teiglinge auf das Backblech setzen. Mit einem Messer oben kreuzweise einschneiden und dann 30–35 Minuten im Ofen backen.

TIPP

Die Brötchen lassen sich auch gut einfrieren und nach Bedarf auftauen.

Konjakmehl-Apfel-Muffins

Für 4 Muffins

NÄHRWERTE PRO MUFFIN:
KILOKALORIEN: 159, FETT: 7,3 G, KOHLENHYDRATE: 7,8 G, EIWEISS: 14,6 G

ZUTATEN

150 g säuerlicher Apfel
1 EL Zitronensaft
35 g Erythrit
45 g Eiweißpulver Vanille
10 g Konjakmehl
1 TL Backpulver
150 g Joghurt, 3,5 % Fett
30 g Mandelmus
1 Ei, Größe L
Fett für die Form

1. Den Apfel schälen, das Kerngehäuse entfernen und das Fruchfleisch grob raspeln. Die Apfelraspel in einer Schüssel schnell mit dem Zitronensaft mischen, damit sie nicht dunkel werden.
2. Den Backofen auf 175 °C Umluft vorheizen.
3. Die trockenen Zutaten in einer Schüssel mischen.
4. Joghurt, Mandelmus und Ei zu den Apfelraspeln geben, gut verrühren und dann die trockenen Zutaten esslöffelweise untermischen.
5. Den Teig 5 Minuten quellen lassen, dann in 4 gefettete Muffinförmchen füllen. 25–30 Minuten im Ofen backen und anschließend abkühlen lassen. Bei Bedarf mit Alufolie bedecken, damit die Muffins nicht zu dunkel werden.

TIPP

Zwei der soften, etwas knatschigen Apfelmuffins ersetzen eine komplette Mahlzeit.

Süße Nussbrötchen

Für 6 Brötchen

NÄHRWERTE PRO BRÖTCHEN:
KILOKALORIEN: 285, FETT: 17,3 G, KOHLENHYDRATE: 11,8 G, EIWEISS: 17,9 G

ZUTATEN

- 90 g Haferkleie
- 45 g Eiweißpulver Vanille
- 40 g gemahlene Haselnüsse
- 4 TL Stevia-Streupulver mit Erythrit
- 12 g Konjakmehl (3 TL)
- 2 TL Backpulver
- 50 g gehackte Nüsse, nach Wunsch
- 3 Eier, Größe M
- 150 g Magerquark
- 150 ml Kokosmilch

1. Den Backofen auf 175 °C Umluft vorheizen. Ein Backblech mit Backpapier auslegen.
2. Die trockenen Zutaten in einer Schüssel vermischen.
3. Eier, Quark und Kokosmilch in einer zweiten Schüssel vermischen. Die trockenen Zutaten esslöffelweise unterrühren und alles zu einem Teig verarbeiten.
4. Mit nassen Händen 6 Brötchen aus dem Teig formen und die Teiglinge auf das Blech setzen. Oben mit einem Messer kreuzweise einschneiden und 25–30 Minuten im Ofen backen. Wenn die Brötchen zu dunkel werden, mit Alufolie bedecken.

TIPP

Für das süße Frühstück muss jetzt noch die Konjaklade von Seite 103 auf die Brötchen drauf.

Konjakmehl-Eiweißbrot

Für 1 Kastenform (20 cm Länge), ergibt ca. 16 Brotscheiben

NÄHRWERTE PRO BROTSCHEIBE:
KILOKALORIEN: 95, FETT: 3,8 G, KOHLENHYDRATE: 6,0 G, EIWEISS: 7,4 G

ZUTATEN

- 125 g Haferkleie
- 40 g entöltes Gold-Leinsamenmehl
- 20 g Konjakmehl
- 2 TL Backpulver
- ¾ TL Salz
- 1 TL Brotgewürz
- 25 g Chia-Samen
- 25 g gehackte Walnusskerne
- 4 Eier, Größe M
- 400 g Magerquark

1. Den Backofen auf 175 °C Umluft vorheizen. Die Kastenform mit Backpapier auskleiden.
2. Die trockenen Zutaten in einer Schüssel vermischen.
3. Eier und Quark in einer zweiten Schüssel verrühren. Die trockenen Zutaten esslöffelweise zufügen und alles zu einem Teig verarbeiten.
4. Den Teig in die Kastenform füllen. Mit einem Löffel glatt streichen und mit einem Messer längs einschneiden. Brot 60 Minuten im Ofen backen. Nach der halben Zeit mit Alufolie bedecken, damit das Brot nicht zu dunkel wird.

TIPP

Sie mögen lieber Brötchen? Dann formen Sie aus dem Teig 8 Brötchen und reduzieren die Backzeit auf 30–35 Minuten.

Schoko-Haselnuss-Apfel-Konjak-Kekse

Für 15 softe Kekse

NÄHRWERTE PRO KEKS:
KILOKALORIEN: 86, FETT: 4,7 G, KOHLENHYDRATE: 3,1 G, EIWEISS: 6,6 G

ZUTATEN

- 40 g Schokolade, 85 % Kakaoanteil
- 20 g knusprige Apfelringe
- 2 Eier, Größe L
- 65 g Erythrit
- 3 TL Stevia-Streupulver mit Erythrit
- 250 g Skyr
- 30 g entöltes Mandelmehl
- 50 g gemahlene Haselnüsse
- 25 g Eiweißpulver Vanille
- 15 g Kakaopulver
- 15 g Konjakmehl
- 2 TL Backpulver

1. Die Schokolade und die Apfelringe fein hacken.
2. Den Backofen auf 175 °C Umluft vorheizen. Ein Backblech mit Backpapier auslegen.
3. Die Eier in einer Schüssel mit dem Erythrit und dem Stevia-Streupulver verrühren. Anschließend Skyr zufügen und unterrühren.
4. Die restlichen Zutaten für die Kekse in einer Schüssel vermischen und dann esslöffelweise in die Eier-Skyr-Creme rühren.
5. Den schokoladigen Teig in 15 Häufchen mit dem Löffel auf das Backblech verteilen, zu Keksgröße streichen und die Kekse 18–20 Minuten im Ofen backen.

TIPP

Nehmen Sie die Kekse mit auf Reisen, dann haben Sie mit 2 Stück pro Mahlzeit ganz einfach Ihre Dosis Konjak intus.

Kokos-Vanille-Tassenkuchen mit Kiwi-Grapefruit-Konjaklade

Für 1 Portion

NÄHRWERTE PRO MUFFIN:
KILOKALORIEN: 282, FETT: 12,6 G, KOHLENHYDRATE: 18,0 G, EIWEISS: 16,5 G

ZUTATEN

Für die Konjaklade:

75 g Kiwi (1 Frucht)
50 ml frischer Grapefruitsaft, rosé
½ TL Stevia-Streupulver mit Erythrit
¼ TL Konjakmehl (1 g)

Für den Tassenkuchen:

1 Ei, Größe L
50 ml Milch, 3,5 % Fett
10 g Kokosmehl
½ TL Konjakmehl (2 g)
5 g Eiweißpulver Vanille
5 g Kokosraspel
1 TL Stevia-Streupulver mit Erythrit
¼ TL Backpulver
1 Msp gemahlene Bourbon-Vanille

1. Die Kiwi schälen und in kleine Stücke schneiden. Die Kiwistücke mit dem Grapefruitsaft in einen hohen Behälter geben, das Stevia-Streupulver und das Konjakmehl zufügen und dann alles mit dem Stabmixer pürieren. Anschließend im Kühlschrank 30 Minuten kaltstellen.
2. Das Ei und die Milch in einer Schüssel verquirlen. Die trockenen Zutaten in einer Schüssel vermischen und dann mit einem Schneebesen in die Eiermilch rühren. Den Teig in eine größere Tasse füllen.
3. Die Tasse mit dem Teig für 3 Minuten bei 600 Watt in die Mikrowelle stellen. Anschließend den Tassenkuchen aus der Tasse auf einen Teller stürzen und die fruchtige Konjaklade dazu reichen.

TIPP

Die Konjaklade können Sie statt mit Kiwi auch mit frischen Erdbeeren, gefrorenen Himbeeren oder Kirschen zubereiten. Ein toller Aufstrich für das Brot auf Seite 101.

Konjak-Minipizza mit Paprika

Für 2 Portionen

NÄHRWERTE PRO PORTION:
KILOKALORIEN: 423, FETT: 19,5 G, KOHLENHYDRATE: 29,8 G, EIWEISS: 29,3 G

ZUTATEN

Für den Pizzaboden:

1 EL getrocknete Tomaten, ohne Öl
40 g Haferkleie
8 g Konjakmehl
1 TL getrockneter Oregano
1 TL Zwiebelgranulat
½ TL Knoblauchgranulat
½ TL Backpulver
¼ TL Salz
150 g Magerquark
75 ml Mineralwasser
2 Eier, Größe M

Für den Pizza-Belag:

60 g zuckerfreier Ketchup
30 g Frischkäse
1 EL scharfes Ajvar
Salz und Pfeffer
120 g orange Paprika
50 g geriebener mittelalter Gouda

1. Den Backofen auf 175 °C Umluft vorheizen. Ein Backblech mit Backpapier auslegen.
2. Die getrockneten Tomaten in kleine Stückchen schneiden. Alle trockenen Zutaten für den Teig in einer Schüssel vermischen.
3. Magerquark, Wasser und Eier in einer größeren Schüssel verrühren und anschließend die trockenen Zutaten unterrühren. Den Teig 5 Minuten quellen lassen. Den Teig nun in 2 Häufchen mit ausreichend Abstand auf das Backblech setzen und mit einem Messer oval verstreichen, bis der Teig nur noch etwa 2 cm hoch ist. Die Teigfladen 20–25 Minuten im Ofen backen und anschließend abkühlen lassen.
4. Den Ketchup in einer Schüssel mit dem Frischkäse und dem Ajvar verrühren und die Mischung mit Salz und Pfeffer würzen. Die Paprika putzen, waschen und würfeln.
5. Die beiden Fladenbrötchen vorsichtig quer halbieren und die Schnittflächen toasten. Dann Schnittflächen mit der würzigen Ketchup-Creme bestreichen und darauf die Paprikastücke verteilen. Nun Mini-Pizzen noch mit dem Gouda bestreuen und 15 Minuten im Ofen backen.

TIPP

Den Belag können Sie nach eigenem Geschmack wählen.

Kerniges Karottenbrot

Für 1 Kastenform (20 cm Länge), ergibt ca. 16 Brotscheiben

NÄHRWERTE PRO BROTSCHEIBE:
KILOKALORIEN: 108, FETT: 4,7 G, KOHLENHYDRATE: 6,0 G, EIWEISS: 8,2 G

ZUTATEN

125 g Haferkleie
40 g entöltes Gold-Leinsamenmehl
20 g Konjakmehl
2 TL Backpulver
¾ TL Salz
40 g Kürbiskerne
25 g Sesam
25 g geschrotete Leinsamen
100 g Karotte
4 Eier, Größe M
350 g Magerquark
1 TL mittelscharfer Senf

1. Den Backofen auf 175 °C Umluft vorheizen. Die Kastenform mit Backpapier auskleiden.
2. Die trockenen Zutaten in einer Schüssel vermischen.
3. Karotten putzen, waschen und grob raspeln. Mit den Eiern, dem Quark und dem Senf in einer zweiten Schüssel verrühren. Die trockenen Zutaten esslöffelweise zufügen und alles zu einem Teig verarbeiten.
4. Den Teig in die Kastenform füllen. Mit einem Löffel glatt streichen und mit einem Messer längs einschneiden. Brot 60 Minuten im Ofen backen. Nach der halben Zeit mit Alufolie bedecken, damit das Brot nicht zu dunkel wird.

TIPP

Statt Karotte geraspelten Kürbis oder Petersilienwurzel ins Brot geben.

Konjak-Mandarinen-Käsekuchen

Für 1 Springform (18 cm Durchmesser), ergibt 8 kleine Kuchenstücke

NÄHRWERTE PRO STÜCK:
KILOKALORIEN: 94, FETT: 3,7 G, KOHLENHYDRATE: 5,9 G, EIWEISS: 8,1 G

ZUTATEN

5 g Butter für die Form
175 g ungezuckerte Mandarinenstücke, aus der Dose
15 g Konjakmehl
40 g Erythrit
2 TL Stevia-Streupulver mit Erythrit
25 g Eiweißpulver Vanille
1 TL Backpulver
200 g Magerquark
150 g Joghurt, 3,5 % Fett
25 g Mandelmus
1 Ei, Größe L

1. Den Backofen auf 175 °C Umluft vorheizen. Die Springform am Boden mit Backpapier belegen und den Rand mit Butter einfetten.
2. Die Mandarinenstücke aus der Dose nehmen und sehr gut abtropfen lassen.
3. Die trockenen Zutaten in einer Schüssel vermischen.
4. In einer zweiten Schüssel Quark, Joghurt, Mandelmus und Ei verrühren. Anschließend die trockene Mischung esslöffelweise unterrühren. Zum Schluss noch die Mandarinen unterheben.
5. Den Teig in die Springform füllen und mit Alufolie bedecken. Kuchen 40 Minuten im Ofen backen. Dann die Alufolie entfernen und Kuchen weitere 10–15 Minuten im Ofen fertig backen.

TIPP

Der Kuchen ist sehr feucht und braucht eine Nacht Ruhezeit im Kühlschrank. Wer ihn trockener und damit kuchiger möchte, gibt noch etwas Kokosmehl hinzu.

Tipps für Bezugsquellen von Konjakprodukten

Konjakmehle, die von mir für das Buch verwendet wurden

Die Produkte (Konjakmehl/Konjac-Mehl) sind über verschiedene Internetshops und Apotheken bestellbar:

https://vitanatura.de/
https://www.allcura.de/

Nasse Konjaknudeln und -reis:

Die Produkte sind im regionalen Handel und/oder über verschiedene Internetshops erhältlich:

https://slendier.com/de/
https://konjak-shop.com/
https://www.rohnudeln.de/
Als Shirataki-Nudeln sind nasse Konjaknudeln häufig in Asialäden zu finden.

Trockene Konjaknudeln und -reis:

Aktuell nur online über verschiedene Internetshops erhältlich:

https://www.shileo.de/
https://iimono-shop.eu/
https://www.rohnudeln.de/

Weitere Zutaten zur eigenen Herstellung von Shirataki-Nudeln:
Calciumhydroxid bekommen Sie in Internetshops:

https://wuerzteufel.de/

Zutatenregister

Weitere Titel von Bettina Meiselbach

Happy Carb:
Meine liebsten
Low-Carb-Rezepte
HappyCarb-Bloggerin Bettina Meiselbach verrät uns ihre 150 »Erfolgsrezepte« für mehr Gesundheit und Genuss

256 Seiten
19,99 (D) | 20,60 (A)
ISBN 978-3-95814-075-2

Happy Carb:
Diabetes Typ 2 – nicht mit mir!
Erfolgsbloggerin Bettina Meiselbach verrät ihr persönliches Low-Carb-Geheimnis gegen Diabetes. Mit 30 inspirierenden Rezeptideen

240 Seiten
19,99 (D) | 20,60 (A)
ISBN 978-3-95814-224-4

Happy Carb:
Mehr Low-Carb-
Lieblingsrezepte

280 Seiten
22,00 (D) | 22,70 (A)
ISBN 978-3-95814-103-2

riva

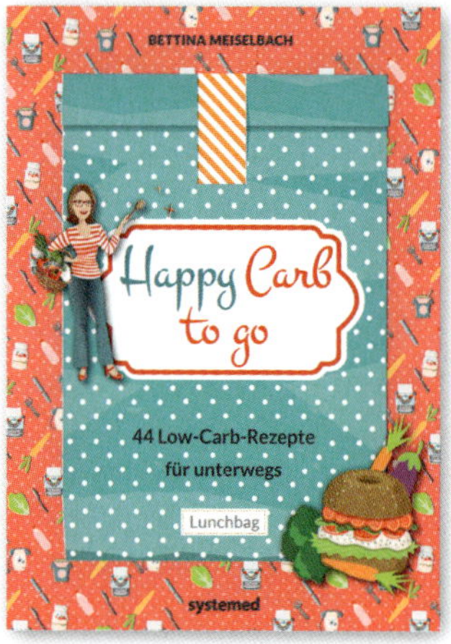

Happy Carb to go:
44 Low-Carb-Rezepte
für unterwegs

128 Seiten
12,00 (D) | 12,40 (A)
ISBN 978-3-95814-088-2

Happy Carb:
Fastfood- und Partyrezepte
Low Carb

128 Seiten
12,00 (D) | 12,40 (A)
ISBN 978-3-7423-0890-0

Happy Carb:
Ratzfatz Low Carb gekocht
55 Low-Carb-Rezepte, einfach
und schnell für jeden Tag

128 Seiten
12,00 (D) | 12,40 (A)
ISBN 978-3-95814-111-7

Happy Carb:
Das Keto-Kochbuch
Genussvoll abnehmen mit den
55 besten Keto-Rezepten

128 Seiten
12,00 (D) | 12,40 (A)
ISBN 978-3-95814-129-2